Vivre avec moins

Être heureux sans dépenser d'argent

Copyright © 2023 – Marie Parrot

Tous droits réservés.

Sommaire

Introduction - Comprendre les enjeux du bonheur économe 5

Partie I– Bonheur et dépenses 7

    Chapitre 1 : Les fondements du bonheur économe 9

    Chapitre 2 : Réévaluez vos besoins et vos priorités 11

    Chapitre 3 : Stratégie, économisez au quotidien 21

    Chapitre 4 : Achetez malin 27

    Chapitre 5 : Faites-vous plaisir à faible coût 31

    Chapitre 6 : Cultivez vos relations sociales et l'entraide 39

Partie II – Gestion financière 41

    Chapitre 7 : Comment gérer vos finances personnelles 43

    Chapitre 8 : Pourquoi la santé et le bien-être sont-ils importants ? 49

    Chapitre 9 : La créativité et l'expression personnelle 53

    Chapitre 10 : Choisissez la simplification et le désencombrement 59

    Note de l'auteur 63

Partie III – Apprentissage, développement personnel et bonheur économe 65

    Chapitre 11 : Priorisez le développement personnel et l'apprentissage 67

    Chapitre 12 : Explorez l'engagement communautaire 75

    Chapitre 13 : Adoptez la durabilité et la consommation responsable 81

    Chapitre 14 : Investissez dans l'épanouissement financier à long terme 93

Conclusion - A retenir de l'expérience du bonheur économe 103

Annexe 105

Introduction - Comprendre les enjeux du bonheur économe

Je m'appelle Marie Parrot. Tout au long de ma vie, j'ai été confrontée à de nombreuses difficultés financières et j'ai dû apprendre à faire face à des choix difficiles. Mon parcours personnel a été semé d'embûches financières, mais chaque épreuve m'a permis de grandir et de trouver de nouvelles perspectives.

Comme beaucoup de personnes, j'ai longtemps cru que le bonheur était directement lié à nos dépenses matérielles et à notre capacité à accumuler des biens. Je me suis retrouvée piégée dans un cycle sans fin, cherchant constamment la satisfaction dans des achats, toujours plus nombreux et toujours plus coûteux. Pourtant, malgré mes efforts, j'ai réalisé que cette voie ne me conduisait qu'à des déceptions et à un sentiment de vide.

C'est à ce moment-là que j'ai pris conscience de la nécessité de changer de perspective. J'ai commencé à explorer des alternatives et à chercher des moyens de vivre mieux tout en dépensant moins. Au fil de mes recherches et de mes expériences, j'ai découvert des solutions qui ont profondément transformé ma vie.

Dans ce livre, je souhaite partager mon histoire avec vous, ainsi que les enseignements que j'ai tirés de mes erreurs passées. À travers ces pages, je vous guiderai dans un voyage où nous explorerons ensemble les fausses solutions qui nous éloignent du bonheur, les résultats que j'ai obtenus en cherchant à vivre de manière plus économe et les solutions que je vous propose.

L'objectif de cet ouvrage est de vous montrer qu'il est possible de trouver le bonheur en menant une vie économe et équilibrée, sans excès. Je veux vous démontrer que dépenser moins ne signifie pas renoncer au bonheur, mais au contraire, le favoriser. Nous allons remettre en question les croyances qui nous enferment dans une spirale de consommation et explorer des alternatives pour trouver le contentement dans des aspects de la vie qui n'ont pas de prix.

En changeant notre perspective et en réévaluant nos besoins réels, nous pouvons découvrir que le bonheur véritable réside dans des expériences, des relations et des activités qui ne dépendent pas de notre capacité à dépenser de l'argent. C'est en nous tournant vers des sources de satisfaction plus profondes et durables que nous pouvons véritablement trouver le bonheur.

Je vous accompagnerai pour identifier les véritables sources de bonheur et les priorités qui donnent un sens à votre vie. Vous apprendrez à distinguer vos besoins réels des envies superficielles et à adopter des stratégies pour économiser au quotidien, faire des achats malins, profiter d'activités gratuites ou à faible coût et cultiver des relations sociales enrichissantes.

Préparez-vous à changer de perspective et à découvrir un chemin vers une vie plus épanouie et plus équilibrée. Ensemble, nous allons apprendre à vivre avec moins, tout en étant plus heureux.

Bienvenue dans l'aventure de *Vivre avec moins : être heureux sans dépenser d'argent.*

Partie I

Bonheur et dépenses

Chapitre 1

Les fondements du bonheur économe

Exploration des liens entre bonheur et dépenses matérielles excessives

Lorsque nous pensons au bonheur, il est courant de faire immédiatement le lien avec des dépenses matérielles excessives. La société dans laquelle nous vivons nous pousse constamment à croire que la possession de biens et le mode de vie axé sur la consommation sont les clés du bonheur. Cependant, cette croyance est souvent trompeuse et nous éloigne de ce qui compte réellement.

Nous allons donc explorer les liens entre le bonheur et les dépenses matérielles. Pour ce faire, nous devons d'abord comprendre les raisons pour lesquelles nous sommes conditionnés à croire que plus nous possédons, plus nous serons heureux.

La société de consommation dans laquelle nous évoluons nous expose constamment à des publicités et des messages qui nous encouragent à acheter toujours plus. Ces messages nous suggèrent que le bonheur se trouve dans l'acquisition de biens matériels, dans la possession de la dernière nouveauté ou dans la poursuite d'un certain statut social. Nous sommes ainsi poussés à chercher la satisfaction dans la consommation à un rythme effréné.

Mais cette quête incessante de biens matériels ne nous apporte souvent qu'un bonheur éphémère. Une fois l'achat réalisé, l'excitation s'estompe rapidement et nous sommes déjà attirés par une nouvelle envie. Ce cycle de consommation nous maintient dans un état de recherche perpétuelle et nous empêche de trouver le bonheur durable.

Il est essentiel de comprendre que le bonheur authentique ne peut pas être acheté. Il ne réside pas dans la possession de biens matériels, mais dans des expériences, des relations et des émotions authentiques.

Le bonheur se trouve dans des moments de partage, de connexion avec les autres et de réalisations personnelles.

Lorsque nous nous libérons de l'emprise de la consommation excessive, nous pouvons enfin nous concentrer sur ce qui compte vraiment. Nous pouvons redéfinir nos priorités et chercher la satisfaction dans des aspects de la vie qui ne dépendent pas de notre capacité à dépenser de l'argent. Au fur et à mesure que vous progresserez dans ce livre, vous découvrirez des stratégies et des principes qui vous aideront à remettre en question les liens entre bonheur et dépenses. Vous apprendrez à vous défaire des schémas de pensée et à adopter une approche plus économe et plus équilibrée.

Introduction aux principes fondamentaux de la vie économe et de la recherche de la satisfaction dans les expériences plutôt que dans les biens matériels

Maintenant que nous avons exploré les liens entre bonheur et dépenses, il est temps d'introduire les principes fondamentaux de la vie économe et de la recherche de la satisfaction dans les expériences.

Cette manière de vivre repose sur une réévaluation de nos besoins réels et de nos priorités. Cela implique de se détacher de l'idée que le bonheur est directement proportionnel à la quantité de biens que nous possédons. Au lieu de cela, nous devons nous concentrer sur la qualité de nos expériences et sur la valeur intrinsèque qu'elles apportent à nos vies.

L'une des clés pour vivre de manière économe est de développer une conscience aiguë de nos dépenses et de leurs répercussions sur notre bien-être global. Cela signifie être attentif à la manière dont nous utilisons notre argent et chercher des moyens de le dépenser de manière plus intentionnelle et judicieuse. En évaluant nos dépenses à la lumière de nos valeurs et de nos objectifs, nous pouvons aligner notre comportement financier sur ce qui est vraiment important pour nous. Cela peut prendre de nombreuses formes, que ce soit passer du temps de qualité avec nos proches, explorer de nouveaux horizons, cultiver nos passions, donner de notre temps à une cause qui nous tient à cœur ou simplement prendre le temps de savourer les petites joies du quotidien.

Chapitre 2

Réévaluez vos besoins et vos priorités

Apprendre à distinguer les besoins réels des envies superficielles

Dans notre société de consommation, il est facile de confondre nos besoins réels avec nos envies superficielles. Nous sommes constamment exposés à des publicités et à des messages qui nous incitent à croire que nous avons besoin de produits et de services pour être heureux.

Cependant, une réévaluation honnête de nos besoins peut nous aider à démêler cette confusion et à vivre de manière plus économe et épanouie.

Apprendre à distinguer nos besoins est un processus introspectif qui nécessite de remettre en question nos habitudes de consommation et de réévaluer nos priorités.

Un premier pas consiste à examiner nos dépenses passées et à évaluer leur impact réel sur notre bonheur et notre satisfaction.

Ensuite, nous devons réfléchir à nos véritables besoins, c'est-à-dire les éléments essentiels à notre bien-être et à notre épanouissement. Ces besoins peuvent être divisés en différentes catégories, telles que :

- les besoins physiologiques :
    - nourriture,
    - abri,
    - vêtements,

- les besoins émotionnels :
    - amour,
    - sécurité émotionnelle,

- les besoins sociaux :
    - relations interpersonnelles,

- les besoins intellectuels :
    - apprentissage,
    - stimulation intellectuelle

- les besoins spirituels :
    - sens,
    - connexion profonde.

- les besoins physiologiques fondamentaux, tels que :
    - la nourriture,
    - l'abri et
    - les vêtements, sont essentiels à notre survie et à notre bien-être physique.

Voici des informations supplémentaires sur chaque besoin :

La nourriture est vitale pour fournir à notre corps les nutriments dont il a besoin pour fonctionner correctement. Une alimentation équilibrée et nutritive est essentielle pour maintenir notre santé et notre énergie. Il est recommandé de consommer une variété d'aliments provenant des différentes catégories alimentaires, notamment des fruits et légumes, des céréales complètes, des protéines (viande, poisson, légumineuses) et des produits laitiers. Il est également important de boire suffisamment d'eau pour rester hydraté.

Un abri adéquat nous protège des éléments extérieurs tels que :

- les intempéries ;
- la chaleur excessive ;
- le froid ;
- les dangers potentiels.

Un logement sécurisé et confortable est essentiel pour notre bien-être physique et mental. Il peut prendre différentes formes, comme une maison, un appartement, un logement collectif ou même un abri temporaire. L'abri fournit également un espace privé où nous pouvons nous reposer, nous ressourcer et nous sentir en sécurité.

Les vêtements servent à protéger notre corps des intempéries et des conditions environnementales extrêmes. Ils nous aident à réguler notre température corporelle et à nous adapter aux différentes saisons.

Les habits appropriés, adaptés à notre environnement et à nos activités, sont importants pour notre confort et notre santé. Ils peuvent également être une forme d'expression personnelle et contribuer à notre estime de soi.

Ces besoins physiologiques sont fondamentaux et doivent être satisfaits pour assurer notre survie et notre bien-être. Lorsque ces besoins sont satisfaits de manière adéquate, cela crée les conditions propices à l'épanouissement de nos autres besoins, tels que les besoins sociaux, émotionnels et intellectuels.

Il convient de noter que, bien que ces besoins soient essentiels, une approche économe et équilibrée peut être appliquée pour les satisfaire.

Les besoins émotionnels, tels que l'amour et la sécurité émotionnelle, sont essentiels pour notre bien-être psychologique et notre épanouissement personnel.

L'amour et l'affection sont des besoins fondamentaux pour les êtres humains. Nous avons besoin de liens affectifs forts avec les autres, tels que la famille, les amis, les partenaires romantiques et les membres de notre communauté. Ces relations nous offrent un soutien émotionnel, nous aident à nous sentir aimés, appréciés et acceptés, et renforcent notre sentiment d'appartenance. L'amour et l'affection contribuent à notre bonheur, à notre estime de soi et à notre équilibre émotionnel.

La sécurité émotionnelle se réfère à notre besoin de nous sentir en sécurité, protégés et soutenus sur le plan émotionnel. Cela implique d'avoir des relations de confiance, de se sentir en sécurité pour exprimer nos émotions et nos besoins, d'être écoutés et compris sans jugement, et de savoir que nos sentiments sont validés. La sécurité émotionnelle favorise un sentiment de stabilité, de calme et de confiance en soi, ce qui est crucial pour notre santé mentale et notre bien-être.

Pour satisfaire nos besoins émotionnels, il est important de cultiver des relations significatives et d'investir du temps et de l'énergie dans la construction de liens affectifs solides. Cela peut inclure :

- Entretenir des relations amoureuses et amicales positives en nourrissant des liens profonds et en accordant de l'attention à nos proches.
- Favoriser un environnement familial sain en communiquant ouvertement, en soutenant les membres de la famille et en créant un sentiment de sécurité émotionnelle.
- Rejoindre des communautés ou des groupes qui partagent nos intérêts et nos valeurs, ce qui nous permet de créer des liens significatifs avec d'autres personnes.
- Développer des compétences en matière de communication et d'empathie pour mieux comprendre et répondre aux besoins émotionnels des autres.
- Consulter un professionnel de la santé mentale, tel qu'un thérapeute ou un conseiller, pour obtenir un soutien supplémentaire.

Il est important de prendre soin de nos besoins émotionnels, tout comme nous le faisons pour nos besoins physiologiques. En satisfaisant nos besoins émotionnels, nous construisons une base solide pour notre bien-être émotionnel, nos relations harmonieuses et notre épanouissement personnel.

Les besoins sociaux, également connus sous le nom de besoins de relations interpersonnelles, sont essentiels pour notre bien-être et notre épanouissement en tant qu'êtres humains.

Les relations interpersonnelles englobent nos interactions et nos liens avec les autres. Les êtres humains sont des êtres sociaux par nature et nous avons besoin de connexions significatives avec les autres pour nous maintenir en bonne santé émotionnelle et psychologique. Les relations sociales enrichissent nos vies, nous permettent de partager des expériences, d'exprimer nos émotions, de recevoir du soutien et de construire un sentiment d'appartenance.

Nous avons besoin de nous sentir acceptés et intégrés dans des groupes sociaux, tels que la famille, les amis, les collègues, les communautés religieuses ou les différentes organisations. Cela contribue à notre estime de soi et à notre sentiment de sécurité émotionnelle.

La communication peut se faire verbalement, par le langage, et non verbalement, par des gestes, des expressions faciales et des contacts physiques appropriés.

Pour satisfaire nos besoins sociaux, voici quelques suggestions :

Rejoignez des groupes, des clubs ou des communautés qui partagent vos intérêts et vos valeurs. Cela vous permettra de rencontrer de nouvelles personnes et d'élargir votre cercle social.

Exprimez vos idées, vos opinions et vos émotions de manière claire et respectueuse. Soyez ouvert à l'écoute des autres et évitez les jugements hâtifs.

Rejoignez des événements, des sorties ou des activités sociales qui vous intéressent. Cela vous permettra de rencontrer de nouvelles personnes partageant les mêmes intérêts et de tisser des liens.

Les besoins intellectuels, tels que l'apprentissage et la stimulation intellectuelle, sont essentiels pour notre développement personnel, notre croissance intellectuelle et notre bien-être global

Les êtres humains ont une soif naturelle de connaissances et d'apprentissage tout au long de leur vie. L'apprentissage continu nous permet de développer de nouvelles compétences, d'acquérir des connaissances, d'explorer de nouveaux sujets et de nous ouvrir à de nouvelles perspectives. Cela favorise notre développement personnel et professionnel, ainsi que notre sentiment d'accomplissement.

Notre cerveau a besoin de stimulation régulière pour rester actif et fonctionner de manière optimale. La stimulation intellectuelle implique de s'engager dans des activités qui stimulent notre réflexion, notre curiosité et notre créativité. Cela peut inclure la lecture de livres, la résolution de problèmes, la participation à des débats, l'exploration de nouvelles idées, la pratique de jeux cognitifs, la recherche et l'écoute de conférences ou de podcasts.

Les besoins intellectuels comprennent également le développement de compétences spécifiques. Il peut s'agir de compétences liées à notre domaine professionnel, à nos intérêts personnels ou à des compétences générales telles que la communication, la résolution de problèmes, la pensée critique, la gestion du temps, etc. Le développement de compétences nous permet d'améliorer nos performances, d'atteindre nos objectifs et de nous sentir plus confiants et compétents.

Pour satisfaire nos besoins intellectuels, voici quelques recommandations :

Consacrez du temps à la lecture de livres, de magazines, d'articles ou de blogs qui suscitent votre intérêt. Explorez une variété de genres et de sujets pour élargir vos horizons.

Profitez des nombreux cours en ligne, des webinaires et des plateformes d'apprentissage pour acquérir de nouvelles compétences et approfondir vos connaissances sur des sujets qui vous intéressent.

Engagez-vous dans des activités qui stimulent votre réflexion, telles que des jeux de société, des énigmes, des puzzles ou des jeux cérébraux.

Recherchez des conférences, des débats ou des événements locaux qui abordent des sujets d'intérêt intellectuel. Cela peut vous permettre de rencontrer des personnes partageant les mêmes idées et d'élargir votre réseau.

Engagez-vous dans des projets personnels qui vous permettent d'explorer et de développer vos compétences. Cela peut être l'écriture d'un livre, la création d'un blog, la pratique d'un instrument de musique ou l'apprentissage d'une nouvelle langue.

Les besoins spirituels, souvent considérés comme des besoins profonds et intérieurs, sont liés à notre sens de la signification, de la connexion et de l'épanouissement dans la vie. Ces besoins sont étroitement liés à notre quête de sens et de but dans la vie. Nous recherchons un sens plus profond à notre existence, cherchons à comprendre notre place dans le monde et à donner un sens à nos expériences.

Cela peut inclure la recherche d'une mission personnelle, de valeurs fondamentales et d'une direction qui guide nos actions et nos choix.

Ils impliquent une connexion intime avec notre moi intérieur. Cela comporte l'exploration de nos émotions, de nos valeurs, de nos croyances et de notre essence profonde. La connexion avec soi-même comprend l'acceptation de qui nous sommes, le développement de la conscience de soi et la recherche de l'authenticité.

Les nécessités spirituelles impliquent également une connexion avec quelque chose de plus grand que nous. Cela peut prendre différentes formes selon les croyances individuelles, que ce soit une connexion avec un pouvoir supérieur, une force universelle, la nature, l'humanité ou une cause plus vaste. Cette connexion avec quelque chose de plus grand nous permet de ressentir un sentiment de transcendance, de gratitude et d'unité avec le monde qui nous entoure.

Engagez-vous dans des pratiques qui nourrissent votre vie spirituelle, telles que la méditation, la prière, la contemplation, le yoga, la danse, le chant ou toute autre activité qui vous permet de vous connecter avec votre moi intérieur et avec quelque chose de plus grand.

Prenez du temps pour réfléchir sur vos valeurs, vos croyances et vos aspirations profondes. Posez-vous des questions importantes sur le sens de la vie, votre but et ce qui vous rend vraiment heureux et épanoui.

Accordez-vous des moments de calme et de solitude pour vous ressourcer, vous écouter et vous connecter avec votre moi intérieur. Cela peut se faire à travers la pratique de la méditation, de la marche dans la nature, de l'écriture ou de la contemplation.

Cherchez des occasions d'engagement dans des activités qui vous permettent de contribuer à quelque chose de plus grand que vous-même, que ce soit par le biais du bénévolat, de l'aide aux autres, de la participation à des initiatives communautaires ou de l'investissement dans des causes qui vous tiennent à cœur.

En évaluant nos besoins réels, nous nous rendons compte que beaucoup d'entre eux peuvent être satisfaits sans avoir recours à des dépenses excessives.

Une fois que nous avons identifié nos besoins réels, il devient plus facile de hiérarchiser nos priorités financières. Nous pouvons allouer nos ressources de manière plus consciente et investir dans les domaines qui nous apportent le plus de satisfaction à long terme.

Apprendre à distinguer nos besoins réels des envies superficielles est un processus continu qui nécessite une attention constante. Il est important de se rappeler qu'ils évoluent avec le temps et que nos priorités peuvent changer en fonction de nos valeurs et de nos objectifs personnels.

Apprenez à revoir vos besoins et à distinguer les envies superficielles qui vous éloignent du bonheur durable.

Conseils pour évaluer et hiérarchiser vos priorités financières

Maintenant que nous avons compris l'importance de distinguer les besoins réels des envies superficielles, il est temps de découvrir des conseils pratiques pour évaluer et hiérarchiser vos priorités financières. Cela vous permettra de dépenser de manière plus judicieuse et de mettre vos ressources là où elles ont le plus d'impact sur votre bien-être et votre épanouissement.

Prenez le temps de réfléchir à vos besoins fondamentaux et de les mettre par écrit. Cela peut inclure des éléments tels que l'alimentation, le logement, les vêtements de base, les soins de santé, etc. En identifiant clairement vos besoins essentiels, vous pouvez allouer vos ressources en conséquence et vous assurer que ces besoins sont satisfaits avant de dépenser pour des envies superficielles.

Passez en revue vos dépenses passées et examinez leur contribution réelle à votre bien-être et à votre satisfaction. Posez-vous des questions telles que :

"Est-ce que cet achat a réellement amélioré ma vie ?" ou

"Est-ce que je me souviens encore de cet achat aujourd'hui ?"

Cela vous aidera à prendre conscience des dépenses qui n'ont pas eu un impact significatif sur votre bonheur et à ajuster vos priorités financières en conséquence.

Réfléchissez à vos valeurs personnelles et aux objectifs que vous souhaitez atteindre dans votre vie. Ces éléments peuvent varier d'une personne à l'autre, qu'il s'agisse de l'éducation de vos enfants, de la réalisation de projets personnels ou de la contribution à des causes sociales.

Lorsque vous êtes sur le point de faire un achat, prenez le temps de vous poser la question suivante :

"Est-ce que j'ai réellement besoin de cela, ou est-ce simplement un désir passager ?"

Avant de faire un achat important, appliquez la règle des 24 heures. Attendez pendant au moins 24 heures avant de finaliser l'achat. Cela vous donne le temps de réfléchir davantage à l'utilité réelle de l'achat et d'évaluer si cela correspond vraiment à vos besoins et à vos priorités financières.

Plutôt que de rechercher la quantité, concentrez-vous sur la qualité des produits ou des services que vous achetez. Optez pour des articles durables et bien conçus qui dureront plus longtemps. En investissant dans des produits de qualité, vous pouvez économiser à long terme en évitant de devoir les remplacer fréquemment.

Cultivez un sentiment de gratitude pour ce que vous avez déjà. Prenez le temps chaque jour de reconnaître et d'apprécier les choses simples de la vie, comme la nourriture sur votre table, un toit au-dessus de votre tête et les relations qui vous entourent. Cela vous aidera à développer une attitude de contentement et à éviter les dépenses impulsives motivées par le désir de combler un vide émotionnel.

Chapitre 3

Stratégie, économisez au quotidien

Astuces pour réduire les dépenses courantes, comme l'épargne sur les factures d'énergie, les courses alimentaires économiques et l'utilisation des transports en commun

Il existe de nombreuses astuces pratiques pour réduire vos dépenses courantes et économiser de l'argent au quotidien. Ces stratégies vous permettront d'adopter une approche plus économe dans des domaines tels que les factures d'énergie, les courses alimentaires et les déplacements, tout en maintenant votre confort et votre qualité de vie.

Économiser sur les factures d'énergie :

- Réduisez la consommation d'électricité en éteignant les lumières et les appareils électroniques lorsque vous ne les utilisez pas. Optez également pour des ampoules à économie d'énergie.
- Utilisez des thermostats programmables pour réguler la température de votre domicile et économiser sur le chauffage et la climatisation.
- Isolez votre logement en calfeutrant les fenêtres, en ajoutant des isolants aux murs et aux combles et en utilisant des rideaux épais pour garder la chaleur ou la fraîcheur à l'intérieur.
- Privilégiez les douches plutôt que les bains pour économiser l'eau. Réparez également les fuites et installez des économiseurs d'eau sur les robinets et les pommes de douche.

Courses alimentaires économiques :

- Établissez un budget alimentaire et planifiez vos repas à l'avance. Faites une liste d'achats en fonction de vos menus pour éviter les achats impulsifs.
- Achetez en vrac et privilégiez les produits de saison. Ils sont souvent moins chers et plus frais.
- Comparez les prix dans différents magasins et utilisez des coupons de réduction ou des applications mobiles pour trouver les meilleures offres.
- Préparez vos repas à la maison plutôt que de manger à l'extérieur. Cuisiner vous permet de contrôler les ingrédients et de réaliser d'importantes économies.

Utilisation des transports en commun :

- Optez pour les transports en commun plutôt que pour la voiture individuelle lorsque cela est possible. Cela vous permettra d'économiser sur les frais de carburant, de stationnement et d'entretien.
- Partagez les trajets avec d'autres personnes en pratiquant le covoiturage. Non seulement vous économiserez de l'argent, mais vous contribuerez également à réduire votre empreinte carbone.
- Utilisez le vélo ou marchez pour les trajets courts. Cela vous permettra d'économiser de l'argent tout en restant actif et en préservant votre santé.

En mettant en pratique ces simples astuces au quotidien, vous pourrez réduire significativement vos dépenses courantes et réaliser des économies substantielles sur le long terme. Ces petits gestes, lorsqu'ils sont cumulés, peuvent avoir un impact important sur votre budget et vous aider à vivre plus économe.

N'oubliez pas que chaque économie compte, peu importe sa taille. En adoptant une approche consciente et en prenant des décisions éclairées, vous serez en mesure de réduire vos dépenses sans sacrifier votre confort ni votre qualité de vie.

Optimiser vos dépenses liées aux assurances, aux abonnements et aux services

En plus des astuces précédentes pour réduire les dépenses courantes, il est important d'examiner de près vos dépenses liées aux assurances, aux abonnements et aux services. Ces domaines peuvent souvent représenter une part importante de votre budget, mais il existe des moyens de les optimiser pour économiser de l'argent.

Assurances :

Passez en revue vos polices d'assurance (assurance habitation, automobile, santé, etc.) et comparez les offres de différents assureurs. Vous pourriez trouver des tarifs plus avantageux ou des couvertures mieux adaptées à vos besoins.

Augmentez votre franchise d'assurance si vous êtes en mesure de couvrir une partie plus importante des coûts en cas de sinistre. Cela vous permettra de réduire le montant de votre prime d'assurance.

Regroupez vos polices d'assurance auprès d'un seul assureur. De nombreux assureurs proposent des réductions lorsqu'ils gèrent plusieurs types d'assurances pour un même client.

Abonnements :

Passez en revue vos abonnements mensuels et évaluez s'ils sont réellement essentiels à votre vie quotidienne. Résiliez ceux que vous n'utilisez pas régulièrement ou qui ne vous apportent pas une réelle valeur ajoutée.

Négociez avec les fournisseurs de services (télécommunications, internet, câble, etc.) pour obtenir des offres promotionnelles ou des tarifs réduits. Souvent, les fournisseurs sont prêts à négocier pour conserver leurs clients.

Partagez les abonnements avec des amis ou des membres de votre famille. Par exemple, vous pouvez partager un abonnement à une plateforme de streaming avec plusieurs personnes et diviser les frais.

Services :

Faites une liste de tous les services que vous payez régulièrement et évaluez leur utilité réelle. Réduisez ou éliminez ceux qui ne sont pas indispensables à votre vie quotidienne.

Cherchez des alternatives gratuites ou moins chères aux services payants que vous utilisez. Par exemple, utilisez des logiciels libres plutôt que des versions payantes ou recherchez des applications gratuites pour remplir certaines fonctions.

Apprenez à faire certaines tâches vous-même au lieu de payer pour des services externes. Par exemple, apprenez à faire vos réparations simples, à entretenir votre jardin ou à cuisiner vos repas au lieu de commander des plats à emporter.

En optimisant vos dépenses liées aux assurances, aux abonnements et aux services, vous pourrez économiser une somme considérable chaque mois. Il est important d'examiner régulièrement ces dépenses pour vous assurer qu'elles sont toujours en ligne avec vos besoins réels et vos priorités financières.

N'oubliez pas que chaque économie réalisée dans ces domaines peut être investie dans des aspects de votre vie qui vous apportent une plus grande satisfaction et un plus grand bonheur. La clé est de trouver un équilibre entre la réduction des dépenses et la préservation de votre qualité de vie.

Exemples concrets de petits gestes qui permettent de faire des économies au quotidien

Parfois, il suffit de petits pour de grandes économies. Je vous propose donc des exemples concrets qui peuvent vous aider à faire de sacrées économies au quotidien. Ces astuces peuvent sembler insignifiantes, mais cumulées, elles peuvent avoir un impact significatif sur votre budget.

Réduisez votre consommation d'eau :

- Fermez le robinet lorsque vous vous brossez les dents ou que vous vous lavez les mains.

- Prenez des douches plus courtes pour économiser l'eau chaude.
- Collectez l'eau de pluie pour arroser vos plantes et votre jardin.

Économisez sur les produits ménagers :

- Fabriquez vos propres produits de nettoyage en utilisant des ingrédients naturels, comme le vinaigre blanc, le bicarbonate de soude et le citron.
- Utilisez des chiffons réutilisables au lieu de lingettes jetables.

Faites des économies d'énergie :

- Éteignez les lumières lorsque vous quittez une pièce.
- Utilisez des ampoules à LED à faible consommation d'énergie.
- Débranchez les appareils électriques lorsque vous ne les utilisez pas, car ils continuent de consommer de l'électricité en mode veille.

Optez pour des alternatives économiques :

- Préparez votre café à la maison plutôt que de l'acheter tous les jours.
- Apportez votre déjeuner au travail au lieu de manger au restaurant.
- Privilégiez les marques de distributeur ou les produits en promotion lors de vos achats.

Planifiez vos repas :

- Faites une liste de courses avant de faire vos achats et respectez-la pour éviter les achats impulsifs.
- Préparez des repas en grande quantité et congeler les portions supplémentaires pour les repas futurs.
- Utilisez les restes de repas pour préparer de nouveaux plats plutôt que de les jeter.

Limitez les dépenses liées aux loisirs :

- Optez pour des activités gratuites ou à faible coût, comme des promenades dans la nature, des pique-niques ou des soirées jeux en famille.
- Utilisez les bibliothèques locales pour emprunter des livres, des films et des magazines au lieu de les acheter.
- Recherchez des événements communautaires gratuits ou à prix réduit dans votre région.

Utilisez des applications et des outils pour suivre vos dépenses :

- Téléchargez des applications de gestion budgétaire qui vous permettent de suivre vos dépenses et de vous fixer des objectifs financiers.
- Utilisez des outils en ligne pour comparer les prix avant de faire des achats importants et trouver les meilleures offres.

Ces petits gestes d'économie au quotidien peuvent sembler modestes, mais ils contribuent à une approche plus mesurée et vous permettent de réaliser des économies significatives sur le long terme. En adoptant ces habitudes, vous développerez une mentalité d'économie qui se traduira par des résultats concrets sur votre budget.

Chapitre 4

Achetez malin

Conseils pour faire des achats intelligents en comparant les prix, en évitant les achats impulsifs et en utilisant des codes promotionnels ou des coupons

Dans ce chapitre, nous allons explorer des conseils pratiques pour vous aider à faire des achats intelligents en comparant les prix.

En adoptant une approche réfléchie et stratégique lors de vos achats, vous pourrez économiser de l'argent et obtenir les meilleurs produits ou services au meilleur prix. Voici quelques conseils :

Faites des recherches préalables :

Avant d'effectuer un achat important, prenez le temps de faire des recherches en ligne pour comparer les prix et les options disponibles. Consultez différents sites web, lisez des avis et des témoignages d'utilisateurs et recherchez des informations sur les caractéristiques et les performances du produit ou du service qui vous intéresse.

N'hésitez pas à utiliser des comparateurs de prix en ligne pour trouver les meilleures offres disponibles sur le marché. Ces outils vous permettent de voir rapidement les différences de prix entre différents vendeurs et de choisir celui qui propose le prix le plus avantageux.

Attendez les périodes de promotion

Soyez patient et attendez les périodes de promotion, comme les soldes, les promotions spéciales ou les événements de vente. C'est souvent lors de ces périodes que vous pouvez trouver des réductions importantes sur de nombreux produits ou services. Gardez un œil sur les annonces et les newsletters des commerçants pour être informé des offres à venir.

Utiliser des codes promotionnels ou des coupons

Avant de procéder à un achat en ligne, recherchez des codes promotionnels ou des coupons de réduction. De nombreux détaillants proposent des codes promotionnels qui offrent des réductions ou des avantages spéciaux lors du paiement. Vous pouvez trouver ces codes sur des sites spécialisés, des newsletters, des réseaux sociaux ou directement sur le site du détaillant.

Lorsque vous faites vos achats en magasin, gardez un œil sur les coupons qui peuvent être disponibles dans des dépliants publicitaires, des journaux locaux ou même des applications mobiles dédiées.

Évitez les achats impulsifs

Prenez le temps de réfléchir avant d'effectuer un achat impulsif. Posez-vous des questions telles que :

« Est-ce que j'ai vraiment besoin de cet article ? » ou

« Est-ce que je peux trouver une alternative moins chère ? »

Évitez de céder à la pression des ventes ou des offres limitées dans le temps et assurez-vous que l'achat correspond réellement à vos besoins et à vos priorités financières. Souvent, ces achats sont motivés par l'émotion du moment plutôt que par une réelle nécessité.

Négociez lorsque c'est possible

Dans certains cas, il est possible de négocier le prix d'un produit ou d'un service. Cela peut être le cas lors de l'achat d'un article d'occasion, lors de la conclusion d'un contrat de service ou même lors de l'achat de certains produits neufs. N'hésitez pas à demander une remise ou à exprimer votre intérêt pour un prix plus avantageux.

Achetez d'occasion

Pour certains articles, l'achat d'occasion peut être une excellente option pour économiser de l'argent. Que ce soit des meubles, des vêtements, des appareils électroniques ou des véhicules, il existe de nombreuses plateformes en ligne et des magasins spécialisés dans les articles d'occasion. Assurez-vous de vérifier l'état de l'article avant l'achat et de négocier le prix si nécessaire.

Lisez les politiques de retour et de garantie

Avant d'effectuer un achat, assurez-vous de lire attentivement les politiques de retour et de garantie du vendeur. Cela vous permettra de savoir si vous avez la possibilité de retourner l'article en cas de problème ou d'insatisfaction et si vous bénéficiez d'une garantie qui couvre d'éventuels défauts.

En suivant ces conseils pour faire des achats intelligents en comparant les prix, vous serez en mesure de prendre des décisions plus éclairées et de réaliser des économies significatives sur vos achats. Rappelez-vous que le but est de trouver le meilleur rapport qualité-prix et de choisir des produits ou des services qui correspondent à vos besoins réels.

Certaines de ces pratiques nécessitent un peu de discipline et de planification. Cependant, avec la pratique, elles deviendront des habitudes naturelles qui vous permettront d'économiser de l'argent à long terme.

Introduction aux principes de base de la négociation et de l'achat d'occasion pour économiser davantage

Embarquons-nous maintenant dans les principes de base de la négociation et de l'achat d'occasion. Ces compétences vous permettront d'obtenir des prix avantageux sur des produits de qualité, que ce soit lors d'achats auprès de vendeurs individuels ou dans des marchés de l'occasion. Voici quelques principes essentiels à prendre en compte :

Négociation

La négociation est un art qui consiste à obtenir un prix plus avantageux en discutant avec le vendeur. Avant de commencer une négociation, faites des recherches sur le produit que vous souhaitez acheter. Renseignez-vous sur son prix moyen sur le marché et sur les caractéristiques qui peuvent influencer sa valeur.

Fixez-vous un budget maximum que vous êtes prêt à dépenser et soyez prêt à marchander pour obtenir un prix inférieur. Faites preuve de patience, de diplomatie et de fermeté lors de la négociation. Parfois, il suffit de demander poliment si le vendeur est prêt à réduire le prix pour obtenir une remise.

Soyez prêt à faire des compromis. Parfois, le vendeur ne sera pas disposé à baisser le prix demandé, mais il pourrait être prêt à ajouter des bonus, comme des accessoires supplémentaires ou des services gratuits. Évaluez si ces avantages compensent le prix demandé ou si vous préférez chercher d'autres options.

Achat d'occasion

L'achat d'occasion est une excellente façon d'économiser de l'argent sur de nombreux types de produits, des vêtements aux meubles en passant par les appareils électroniques. Lorsque vous achetez d'occasion, assurez-vous de bien inspecter l'article pour vous assurer de sa qualité et de son état.

Recherchez des marchés de l'occasion en ligne, tels que des sites web spécialisés dans les petites annonces ou des groupes de vente sur les réseaux sociaux. Ces plateformes vous permettent de trouver des produits de seconde main à des prix réduits.

Rencontrez le vendeur en personne si possible et posez-lui des questions sur l'article. Demandez des informations sur son historique, sa durée de vie restante et toute réparation effectuée. Si vous avez des doutes, n'hésitez pas à demander à voir le produit en action avant de conclure l'achat.

En maîtrisant les principes de base de la négociation et de l'achat d'occasion, vous serez en mesure de réaliser des économies importantes sur vos achats. Que ce soit en obtenant un prix inférieur grâce à une négociation habile ou en trouvant des produits de qualité à des prix réduits sur le marché de l'occasion, ces compétences vous permettront de maximiser votre pouvoir d'achat.

Chapitre 5

Faites-vous plaisir à faible coût

Exploration des nombreuses possibilités de divertissement et de loisirs qui ne nécessitent pas de dépenses importantes

Il existe de nombreuses possibilités de divertissement et de loisirs qui ne nécessitent pas de dépenses importantes. Vous constaterez qu'il est tout à fait possible de s'amuser, de se cultiver et de s'épanouir sans dépenser une fortune. Voici une exploration de quelques idées et suggestions pour profiter de la vie tout en respectant votre budget :

La nature et les activités de plein air

Profitez des parcs locaux, des sentiers de randonnée et des espaces naturels gratuits pour vous connecter avec la nature. Partez en randonnée, faites du vélo, du pique-nique ou simplement, promenez-vous et respirez l'air frais.

Essayez des activités comme le camping, la pêche, l'observation des oiseaux ou la photographie en plein air. Ce sont des activités enrichissantes qui ne nécessitent qu'un investissement minimal en équipement.

Les événements communautaires :

Renseignez-vous sur les événements communautaires dans votre région. Il peut s'agir de festivals, de concerts en plein air, de marchés fermiers, de spectacles de rue ou d'événements sportifs locaux. Ces activités vous permettent de vous immerger dans la culture locale tout en passant un bon moment en famille ou entre amis.

Consultez les sites web des offices de tourisme, des mairies ou des associations locales pour vous tenir informé des événements à venir.

Les bibliothèques et les musées gratuits

Les bibliothèques locales sont de véritables trésors pour les amateurs de lecture. Profitez des livres, des magazines, des journaux, des films et de la musique disponible gratuitement. Assistez également aux événements littéraires, aux séances de lecture ou aux clubs de discussion organisés par la bibliothèque.

De nombreux musées proposent également des jours d'entrée gratuite ou à prix réduit. Renseignez-vous sur ces offres spéciales et profitez-en pour vous cultiver et découvrir de nouvelles expositions.

Les activités créatives

Explorez votre créativité en vous adonnant à des activités artistiques et artisanales. Dessinez, peignez, tricotez, sculptez, faites de la poterie ou créez des bijoux. Ces activités vous permettent de développer vos talents artistiques tout en vous détendant et en vous amusant.

Rejoignez des ateliers ou des groupes locaux qui partagent vos intérêts créatifs. Ces rencontres vous permettent de rencontrer de nouvelles personnes partageant les mêmes passions tout en échangeant des connaissances et des idées.

Les ressources en ligne gratuites

Internet regorge de ressources gratuites pour apprendre de nouvelles compétences, suivre des cours en ligne ou découvrir de nouveaux hobbies. Explorez des plateformes d'apprentissage en ligne, regardez des tutoriels vidéo, participez à des webinaires ou rejoignez des communautés en ligne.

Profitez également des podcasts gratuits, des blogs et des forums en ligne pour vous inspirer, vous informer et vous divertir.

Yoga et méditation : pratiquez le yoga et la méditation chez vous en suivant des tutoriels en ligne ou en utilisant des applications gratuites. Ces pratiques sont excellentes pour votre bien-être physique et mental.

Cuisiner à la maison : expérimentez de nouvelles recettes et préparez des repas délicieux à la maison. Vous pouvez trouver des milliers de recettes gratuites en ligne et essayer différents plats cuisinés avec des ingrédients abordables.

Jardinage : cultivez votre propre jardin ou vos plantes en pot. Cela vous permettra de vous reconnecter à la nature, de créer un espace vert apaisant et même de faire pousser vos propres légumes et herbes aromatiques.

Activités sportives en plein air : jouez au football, au basketball, au frisbee ou pratiquez d'autres activités sportives en plein air avec des amis ou en famille. Utilisez les parcs locaux ou les terrains de jeux pour profiter de l'espace gratuit.

Exploration de votre ville : partez à la découverte de votre propre ville en visitant des quartiers historiques, des parcs, des monuments ou des sites touristiques. Vous pourriez être surpris de ce que vous pouvez découvrir à proximité de chez vous.

Bénévolat : impliquez-vous dans des projets de bénévolat locaux. Vous pouvez consacrer votre temps à des causes qui vous tiennent à cœur, aider les autres et contribuer à votre communauté.

Musique et arts : apprenez à jouer d'un instrument de musique ou améliorez vos compétences artistiques, que ce soit en dessin, en peinture, en sculpture ou en photographie. Vous pouvez trouver de nombreuses ressources gratuites en ligne pour vous aider à développer ces talents.

Pique-niques et sorties en plein air : organisez des pique-niques avec vos proches dans des parcs ou des espaces publics. Apportez une couverture, de la nourriture faite maison et profitez d'un moment agréable en plein air.

Activités culturelles : recherchez des expositions, des concerts, des lectures publiques ou des projections de films gratuits dans votre communauté. De nombreuses villes proposent des événements culturels accessibles à tous.

Développement personnel : lisez des livres de développement personnel, écoutez des podcasts inspirants et suivez des cours en ligne gratuits pour améliorer vos compétences, votre confiance en vous et votre bien-être général.

Rappelez-vous, l'important est de rester ouvert à de nouvelles expériences et de trouver des activités qui correspondent à vos intérêts personnels. Avec un peu d'imagination, vous pouvez trouver de nombreuses façons de vous divertir et de vous épanouir sans dépenser une fortune.

Continuez à explorer, à expérimenter et à profiter de ces moments précieux qui ajoutent de la valeur à votre vie, tout en économisant de l'argent.

Ces suggestions ne représentent qu'une petite partie des nombreuses activités gratuites ou à faible coût auxquelles vous pouvez participer pour vous divertir et vous épanouir. Soyez ouvert à l'exploration et laissez votre créativité guider vos choix.

Idées et suggestions pour profiter de la nature, des événements communautaires, des bibliothèques, des musées gratuits

Nous allons explorer différentes idées et suggestions plus en détails pour profiter de la nature, des événements communautaires, des bibliothèques et des musées gratuits. Ces lieux et activités offrent de nombreuses opportunités pour se divertir comme nous l'avons vu précédemment, se cultiver et s'épanouir sans dépenser une fortune.

Randonnée : explorez les sentiers de randonnée de votre région. Enfilez de bonnes chaussures de marche et partez à la découverte de paysages magnifiques, de forêts verdoyantes, de montagnes majestueuses ou de côtes pittoresques.

Camping : planifiez une escapade en camping pour passer du temps en plein air. Installez une tente dans un parc national, au bord d'un lac ou dans une réserve naturelle et profitez de nuits étoilées, de feux de camp et de la sérénité de la nature.

Balades à vélo : enfourchez votre vélo et partez à l'aventure. Explorez des pistes cyclables, des chemins de campagne tranquilles ou des sentiers en montagne. Le vélo est une excellente façon de profiter de la nature tout en faisant de l'exercice.

Pique-niques : organisez des pique-niques dans des parcs locaux, au bord d'un lac ou dans des jardins botaniques. Apportez une couverture, un panier rempli de délicieuses collations et profitez d'un moment de détente en plein air.

Observation des oiseaux : équipez-vous d'une paire de jumelles et partez observer les oiseaux. Que ce soit dans votre propre jardin, dans une réserve naturelle ou dans un parc, l'observation des oiseaux est une activité paisible qui vous permet de vous connecter avec la nature et d'apprécier la diversité des espèces aviaires.

Canotage et kayak : si vous avez accès à un lac, une rivière ou même à la mer, profitez-en pour faire du canotage ou du kayak. Pagayez le long des cours d'eau, explorez les criques et admirez les paysages naturels depuis l'eau.

Jardinage : cultivez votre propre jardin et profitez du contact direct avec la nature. Plantez des légumes, des fleurs, des herbes aromatiques ou créez un jardin de papillons pour attirer ces magnifiques créatures.

Observation des étoiles : partez dans un endroit éloigné de la pollution lumineuse et admirez le ciel étoilé. Familiarisez-vous avec les constellations, utilisez une application pour identifier les étoiles et les planètes et laissez-vous émerveiller par la beauté de l'univers.

Activités aquatiques : si vous avez la chance de vivre près de l'océan, profitez des plages pour nager, faire du surf, du paddle ou tout simplement vous détendre sur le sable. Les lacs et les rivières offrent également de nombreuses possibilités de baignade, de pêche et d'autres activités nautiques.

Yoga en plein air : pratiquez le yoga en plein air, que ce soit dans un parc, sur une plage ou au milieu d'une clairière. Connectez-vous avec la nature, respirez l'air frais et laissez la tranquillité des lieux nourrir votre pratique.

N'oubliez pas de respecter les règles de préservation de la nature et de préserver l'environnement pendant vos activités en plein air. Profitez de ces moments pour vous déconnecter, vous ressourcer et vous reconnecter avec la beauté de la nature qui nous entoure.

Événements communautaires

Consultez les calendriers d'événements de votre communauté pour découvrir les festivals, les concerts en plein air, les marchés locaux et autres événements gratuits. Profitez de ces occasions pour vous immerger dans la vie culturelle et sociale de votre région.

Rejoignez des groupes ou des associations communautaires qui organisent des activités gratuites. Cela peut être des clubs de lecture, des groupes de marche, des ateliers d'art, des rencontres pour échanger des compétences ou des événements sportifs entre voisins.

Bibliothèques

Explorez les ressources des bibliothèques locales. Empruntez des livres, des magazines, des journaux, des DVD, des CD audio ou des livres audio. Les bibliothèques offrent également souvent des services gratuits, tels que des séances de lecture pour les enfants, des conférences ou des ateliers.

Participez aux clubs de lecture ou aux cercles de discussion organisés par la bibliothèque. Cela vous permettra d'échanger avec d'autres passionnés de lecture et de découvrir de nouveaux auteurs et genres littéraires.

Musées et galeries d'art

Renseignez-vous sur les musées et les galeries d'art gratuits de votre région. Profitez de ces espaces pour admirer des expositions, des collections permanentes ou des installations artistiques. Certains musées proposent également des jours d'entrée gratuite ou à prix réduit.

Assistez aux événements spéciaux organisés par les musées, tels que des conférences, des visites guidées ou des ateliers pratiques. Cela vous permettra d'approfondir vos connaissances artistiques et culturelles.

Conférences et conférenciers invités

Renseignez-vous sur les conférences et les conférenciers invités dans votre région. De nombreuses universités, centres culturels ou associations proposent des conférences gratuites ou à faible coût sur des sujets variés, tels que la science, la philosophie, l'histoire, la littérature, etc. Profitez de ces occasions pour élargir vos connaissances et stimuler votre esprit.

Événements culturels en plein air

Recherchez les événements culturels en plein air, tels que des spectacles de théâtre, des projections de films, des concerts ou des performances artistiques. De nombreux parcs et espaces publics accueillent ces événements gratuits pendant les mois d'été. Apportez une couverture, asseyez-vous confortablement et profitez du spectacle.

Cours et ateliers gratuits

Recherchez des cours et des ateliers gratuits dans votre communauté. Cela peut inclure des cours de cuisine, de jardinage, de photographie, de danse, de yoga ou d'autres activités. Les centres communautaires, les bibliothèques ou les associations locales sont de bons endroits pour trouver ces opportunités.

Journées portes ouvertes

Profitez des journées portes ouvertes pour visiter des lieux d'intérêt, tels que des monuments historiques, des jardins botaniques, des centres de recherche ou des institutions culturelles. Ces journées spéciales offrent souvent l'accès gratuit ou à prix réduit à des endroits habituellement payants.

N'oubliez pas de consulter les sites web des institutions, les calendriers d'événements locaux ou les bulletins d'information communautaires pour être informé des opportunités et des activités gratuites dans votre région.

Chapitre 6

Cultivez vos relations sociales et l'entraide

Mise en évidence de l'importance des relations sociales dans le bonheur et l'épanouissement

Les relations sociales dans notre quête du bonheur et de l'épanouissement est d'une importance capitale. Nous examinerons comment établir des liens avec les autres, partager des ressources et réduire les coûts tout en renforçant nos relations interpersonnelles.

Les relations sociales jouent un rôle crucial dans notre bien-être émotionnel et mental. Les interactions positives avec les autres nous procurent un sentiment d'appartenance, de soutien et de connexion. Ces liens sociaux sont essentiels pour nourrir notre estime de soi, réduire le stress et favoriser une vie équilibrée et heureuse.

L'entraide et le partage des ressources sont des éléments clés pour mener une vie économe. En instaurant des relations solides avec notre entourage, nous pouvons partager des biens, des compétences et des connaissances, ce qui nous permet de réduire les coûts individuels. Par exemple, vous pouvez organiser des échanges de services, tels que le jardinage, la garde d'enfants, les travaux ménagers, ou partager des outils ou des équipements coûteux.

Recherchez des communautés ou des groupes d'entraide locaux où les membres partagent des intérêts communs, des valeurs et des ressources. Ces communautés peuvent prendre différentes formes, comme des jardins partagés, des groupes d'achat en vrac, des coopératives alimentaires ou des projets de partage de voitures. En vous impliquant, vous pourrez non seulement économiser de l'argent, mais aussi tisser des liens solides avec les membres de votre communauté.

Organisez des repas partagés avec vos amis, votre famille ou vos voisins. Chacun peut contribuer en apportant un plat ou des ingrédients, ce qui permet de réduire les coûts pour tous. Non seulement vous économiserez de l'argent, mais vous créerez également des moments conviviaux et des souvenirs précieux.

Rejoignez des clubs ou des groupes d'intérêt commun, tels que des clubs de lecture, des groupes de randonnée, des groupes de jeux de société, des ateliers de bricolage, des groupes de musique ou des équipes sportives amateurs. Ces activités vous permettront de rencontrer de nouvelles personnes partageant les mêmes intérêts, de développer des relations positives et de vous divertir à moindre coût.

Cultivez une attitude d'écoute active et de soutien envers les autres. Soyez là pour vos proches, offrez votre soutien émotionnel et pratique lorsque nécessaire. De même, n'hésitez pas à demander de l'aide lorsque vous en avez besoin. Le partage des expériences, des conseils et des ressources crée des liens solides et renforce le sentiment de communauté. En investissant dans nos relations sociales et en favorisant l'entraide, nous pouvons non seulement réduire les coûts de notre vie quotidienne, mais aussi créer un réseau de soutien solide et nourrissant. Les relations sociales épanouissantes contribuent à notre bonheur, notre bien-être et notre équilibre général.

Mais quelle est l'importance des relations sociales et de l'entraide dans le contexte d'une vie économe ?

Voici la meilleure façon d'établir des liens avec les autres, partager des ressources et réduire les coûts, tout en renforçant nos liens interpersonnels.

Prenez le temps de connaître vos voisins et de développer des relations de proximité. Vous pouvez aussi explorer les options de covoiturage avec vos collègues, amis ou voisins qui vont dans la même direction que vous.

Identifiez les talents et les compétences pour les partager. Vous pouvez aussi partager les abonnements aux diverses plateformes que vous utilisez. Renseignez-vous sur les possibilités de ressources communautaires de votre entourage.

Pensez à organiser des événements d'échanges et de vente en ligne.

Partie II

Gestion financière

Chapitre 7

Comment gérer vos finances personnelles

Principes de base de la gestion financière responsable, tels que la création d'un budget, l'épargne et l'investissement

Un aspect essentiel d'une vie économe est une bonne gestion des finances personnelles. En effet, une bonne gestion financière vous permet de prendre le contrôle de vos revenus, de vos dépenses, de vos investissements et de travailler vers l'atteinte de vos objectifs financiers.

Nous allons explorer les principes de base de la gestion financière responsable, l'importance de la budgétisation, l'épargne, l'investissement et la protection contre les risques financiers.

La budgétisation : planifier pour une gestion financière efficace.

La budgétisation est un outil puissant qui vous permet de planifier vos dépenses, de contrôler vos revenus et de prendre des décisions éclairées en matière de dépenses.

Commencez par évaluer vos revenus mensuels et vos dépenses. Prenez en compte vos revenus réguliers d'une part :

- salaires ;
- les revenus supplémentaires.

Puis vos dépenses fixes d'autre part :

- loyer ;
- factures ;
- prêts.

Ainsi que vos dépenses variables :

- nourriture ;

- loisirs ;
- vêtements.

Identifiez vos objectifs financiers, à court et à long terme. Cela peut inclure :

- l'épargne pour un fonds d'urgence ;
- l'achat d'une maison ;
- la planification de la retraite, etc.

Classez vos priorités en fonction de leur importance et allouez vos ressources en conséquence.

Répartissez également vos revenus en fonction de vos dépenses essentielles, telles que :

- le logement ;
- les factures ;
- la nourriture.

Vos dépenses discrétionnaires seront également à prendre en compte, telles que les loisirs et les divertissements. Veillez enfin à allouer une partie de vos revenus à l'épargne et à vos investissements.

Suivi et ajustement : suivez régulièrement vos dépenses et vos revenus par rapport à votre budget. Analysez les écarts et apportez des ajustements si nécessaires. Faites preuve de flexibilité et d'adaptabilité pour vous assurer que votre budget reste réaliste et aligné sur vos objectifs financiers.

L'épargne et l'investissement : construire une base financière solide.

L'épargne et l'investissement sont des piliers importants de la gestion financière responsable. Ils vous permettent de construire une base financière solide et de préparer votre avenir financier.

Établissement d'un fonds d'urgence : créez un fonds d'urgence pour faire face aux dépenses imprévues, telles que des réparations de voiture ou des frais médicaux. Visez à économiser trois à six mois de dépenses pour vous assurer une sécurité financière en cas de besoin. Cette pratique financière est un filet de sécurité financier en cas de situations inattendues telles que des dépenses médicales, des réparations de voiture, une perte d'emploi ou d'autres urgences.

Il vous offre une tranquillité d'esprit en sachant que vous êtes préparé à faire face à ces situations sans avoir à vous endetter ou à vous mettre dans une situation financière difficile.

Pour déterminer le montant nécessaire, évaluez vos dépenses mensuelles, y compris les frais de subsistance essentiels tels que le loyer/mort-gage, les factures, la nourriture, le transport et les frais médicaux. Multipliez ce montant par le nombre de mois souhaités pour le constituer.

Automatisez les transferts vers votre compte d'épargne d'urgence pour vous assurer de mettre régulièrement de l'argent de côté.

Utilisez un compte d'épargne séparé pour votre fonds d'urgence afin de le garder séparé de vos autres comptes et de ne pas le confondre avec vos dépenses courantes. Recherchez des comptes d'épargne qui offrent un taux d'intérêt compétitif tout en offrant une accessibilité rapide à votre argent en cas de besoin. Économiser peut prendre du temps, mais restez discipliné et persévérant dans votre plan d'épargne. Évitez de puiser dans votre fonds pour des dépenses non urgentes ou non essentielles. Si vous utilisez une partie, veillez à le reconstituer dès que possible.

À mesure que votre situation financière évolue, il est important de réévaluer régulièrement votre fonds d'urgence. Lorsque vous faites face à une situation d'urgence, évaluez la nature de l'obligation et utilisez les fonds nécessaires. Après avoir utilisé votre fonds d'urgence, reconstituez-le dès que possible.

Planification de l'épargne : définissez des objectifs d'épargne à court terme et à long terme. Cela peut inclure l'achat d'une maison, la préparation de la retraite ou tout autre objectif financier spécifique. Automatisez vos épargnes en configurant des virements automatiques vers un compte d'épargne dédié.

Établissez un budget réaliste qui prend en compte vos revenus, vos dépenses courantes, vos dettes et vos objectifs d'épargne.

Identifiez les domaines où vous pouvez réduire vos dépenses et allouer une partie de vos revenus à l'épargne.

Les comptes traditionnels, les comptes d'épargne à intérêt élevé ou les comptes de placement peuvent être des options à considérer en fonction de vos objectifs de prévoyance et de votre tolérance au risque. Comparez les différentes offres disponibles sur le marché pour choisir celle qui correspond le mieux à vos besoins.

Apprenez les bases de l'investissement et diversifiez vos placements pour réduire les risques. Considérez différentes options d'investissement, telles que les actions, les obligations, les fonds communs de placement ou l'immobilier. Si nécessaire, consultez un conseiller financier pour obtenir des conseils adaptés à votre situation.

Continuez à vous éduquer sur les principes financiers, les stratégies d'investissement et les produits financiers. Lisez des livres, suivez des cours en ligne, assistez à des conférences et consultez des sources fiables pour approfondir vos connaissances financières.

La protection contre les risques financiers : s'assurer une tranquillité d'esprit

La gestion financière responsable comprend également la protection contre les risques financiers.

Évaluez vos besoins en matière d'assurance, tels que :

- l'assurance automobile ;
- l'assurance habitation ;
- l'assurance santé ;
- l'assurance-vie.

Choisissez des polices adaptées à votre situation et assurez-vous de disposer d'une couverture adéquate pour vous protéger contre les risques financiers majeurs.

Considérez la planification successorale pour vous assurer que vos actifs sont distribués conformément à vos souhaits en cas de décès. Consultez un professionnel du droit ou un conseiller financier pour vous aider à élaborer un plan adapté à votre situation.

Si vous avez des dettes, assurez-vous de comprendre les risques associés et de gérer vos remboursements de manière responsable. Évitez les emprunts excessifs et les pièges de la dette pour préserver votre stabilité financière.

La budgétisation, l'épargne, l'investissement et la protection contre les risques financiers sont des éléments essentiels pour une vie économe et équilibrée sur le plan financier. En mettant en pratique ces principes, vous pourrez prendre le contrôle de vos finances, atteindre vos objectifs financiers et vivre en harmonie avec vos moyens. La gestion financière responsable est essentielle. Elle repose sur des principes fondamentaux tels que la création d'un budget, l'épargne et l'investissement.

En appliquant ces principes de base de la gestion financière responsable, vous pouvez non seulement améliorer votre situation financière, mais aussi développer de bonnes habitudes d'épargne et d'investissement qui vous serviront tout au long de votre vie. Vous serez en mesure de prendre le contrôle de vos finances, de réduire le stress financier et de travailler vers vos objectifs financiers, qu'il s'agisse de rembourser vos dettes, d'acheter une maison ou de préparer votre retraite.

Conseils pratiques pour prendre le contrôle de ses finances et éviter les pièges de la dette et du surendettement

La gestion des finances personnelles nécessite une attention particulière pour éviter les pièges courants de la dette et du surendettement. Voici quelques conseils pratiques pour vous aider à prendre le contrôle de vos finances et à éviter ces pièges :

Établir un budget réaliste : évaluez vos revenus et vos dépenses. Identifiez vos dépenses essentielles et allouez-y une partie de vos revenus. Fixez également des limites pour vos autres dépenses, comme les loisirs et les achats non essentiels.

Suivre ses dépenses : tenez un registre de vos dépenses pour avoir une vue d'ensemble de vos habitudes de consommation. Cela vous aidera à identifier les domaines où vous pouvez apporter les ajustements nécessaires. Utilisez des outils de suivi des dépenses ou des applications mobiles pour faciliter cette tâche.

Économiser systématiquement : mettez en place un système d'épargne régulier. Fixez-vous un objectif d'épargne mensuel et automatisez les transferts vers votre compte d'épargne.

Payer ses dettes à temps : faites-en sorte de payer vos factures et vos dettes à temps pour éviter les frais de retard et les pénalités. Établissez un système de rappel ou configurez des paiements automatiques pour ne pas oublier les échéances.

Réduire les dépenses superflues : identifiez les dépenses non essentielles et cherchez des moyens de les réduire ou de les éliminer. Cela peut inclure la résiliation de certains abonnements ou la réduction des sorties au restaurant. Demandez-vous si chaque dépense est réellement nécessaire.

Éviter les achats impulsifs : avant d'effectuer un achat, prenez le temps de réfléchir à sa nécessité et à son impact sur vos finances. Évitez les achats impulsifs et donnez-vous un délai de réflexion avant de prendre une décision d'achat.

Utiliser les outils de gestion financière : profitez des outils et des ressources disponibles pour vous aider à gérer vos finances. Utilisez des applications de suivi des dépenses, des calculatrices de budget ou des logiciels de gestion financière pour avoir une vue d'ensemble de votre situation financière et prendre des décisions éclairées.

Éviter l'accumulation de dettes à intérêt élevé : faites preuve de prudence lorsqu'il s'agit d'emprunter de l'argent. Évitez les cartes de crédit à taux d'intérêt élevé ou les prêts à remboursement difficile. Si vous avez des dettes, concentrez-vous sur leur remboursement.

Rechercher des conseils financiers : si vous avez des difficultés à gérer vos dettes ou à prendre le contrôle de vos finances, n'hésitez pas à demander l'aide d'un conseiller financier. Il pourra vous fournir des conseils personnalisés et des stratégies pour sortir de l'endettement.

En suivant ces conseils, vous pourrez prendre le contrôle de vos finances, éviter les pièges de la dette et du surendettement, et travailler vers une stabilité financière à long terme.

Chapitre 8

Pourquoi la santé et le bien-être sont-ils importants ?

Exploration de l'impact de la santé physique et mentale sur notre qualité de vie

Notre santé physique et mentale joue un rôle essentiel dans notre qualité de vie et notre bonheur. Dans ce chapitre, nous allons découvrir l'importance de la santé et du bien-être, ainsi que son impact sur notre vie quotidienne.

Une bonne santé physique est le fondement d'une vie épanouie. Lorsque nous prenons soin de notre corps, nous avons plus d'énergie, nous sommes plus résistants aux maladies et nous nous sentons mieux dans notre peau.

Une alimentation saine et équilibrée fournit les nutriments essentiels dont notre corps a besoin pour fonctionner correctement. Adopter une alimentation riche en fruits, légumes, grains entiers et protéines maigres peut avoir un impact positif sur notre énergie, notre humeur et notre santé globale.

L'exercice régulier est crucial pour maintenir une bonne santé physique. Il renforce nos muscles, améliore notre système cardiovasculaire, régule notre poids et stimule notre bien-être mental. Trouvez des activités physiques que vous aimez, que ce soit la marche, la course, la danse, le yoga ou tout autre exercice qui vous convient.

Le sommeil joue un rôle vital dans notre santé et notre bien-être. Un sommeil de qualité nous aide à recharger nos batteries, à renforcer notre système immunitaire et à maintenir notre concentration et notre productivité. Établissez une routine de sommeil régulière, créez un environnement propice au repos et veillez à accorder suffisamment de temps pour un sommeil réparateur.

Notre santé mentale est tout aussi importante que notre santé physique. Une bonne santé mentale nous permet de faire face aux défis de la vie, de gérer le stress, d'établir des relations saines et de cultiver un sentiment de bien-être général. Voici quelques points clés à prendre en compte :

Apprenez à gérer le stress de manière efficace en utilisant des techniques de relaxation, de méditation ou de respiration profonde. Identifiez les facteurs de stress dans votre vie et trouvez des moyens de les gérer, que ce soit par la pratique d'activités relaxantes, le développement de stratégies de résolution de problèmes ou la recherche de soutien auprès de vos proches.

Il est essentiel de trouver un équilibre sain entre votre vie personnelle et votre travail. Accordez du temps à vos loisirs, à votre famille et à vos amis, et assurez-vous de prendre des pauses régulières pour vous ressourcer et vous détendre.

Cultivez des relations positives et enrichissantes avec vos proches. Partagez vos préoccupations, vos joies et vos succès avec les personnes qui vous entourent et trouvez du soutien dans les moments difficiles. Participez à des activités sociales et à des groupes de soutien.

Souvenez-vous que votre santé et votre bien-être sont des investissements précieux. En prenant soin de vous, vous serez en mesure de vivre une vie épanouissante en dépensant moins, en favorisant le bonheur et la satisfaction dans tous les aspects de votre vie.

La méditation et la gestion du stress

La méditation est une pratique gratuite et accessible à tous. Utilisez des applications de méditation gratuites, des vidéos guidées ou des ressources en ligne pour vous aider à commencer.

Accordez-vous régulièrement du temps pour vous détendre et vous ressourcer, que ce soit par la lecture, l'écoute de musique apaisante, la pratique du yoga ou toute autre activité qui favorise la relaxation.

Apprenez des techniques de gestion du stress, telles que la respiration profonde, la visualisation positive et la recherche de soutien auprès de vos proches.

Économiser sur les soins de santé

Utilisez des programmes d'assurance santé gratuits ou à faible coût, tels que les cliniques communautaires, les programmes d'assistance médicale et les pharmacies à prix réduit.

Prenez soin de votre santé préventive en suivant les recommandations de dépistage et de vaccination appropriées. Comparez les prix des médicaments génériques et recherchez des rabais ou des programmes d'aide aux patients pour réduire les coûts.

En adoptant ces habitudes saines et économiques, vous prenez soin de votre santé physique et mentale tout en préservant votre budget. Vous constaterez que ces pratiques vous aident à vous sentir mieux, à augmenter votre énergie et votre bien-être général.

Chapitre 9

La créativité et l'expression personnelle

Mise en valeur de l'importance de la créativité dans notre épanouissement personnel

La créativité est un aspect essentiel de notre épanouissement personnel. Elle nous permet d'exprimer notre individualité, de stimuler notre imagination et de trouver une source de joie et d'accomplissement dans nos vies. Dans ce chapitre, nous allons découvrir l'importance de la créativité et de l'expression personnelle, ainsi que les moyens de les cultiver tout en maîtrisant nos dépenses.

La créativité peut prendre de nombreuses formes, qu'il s'agisse de l'art, de l'écriture, de la musique, du bricolage, de la cuisine, de la danse ou de toute autre activité qui nous permet de donner vie à notre imagination. Voici quelques raisons pour lesquelles elle est importante :

Elle nous permet de communiquer nos émotions, nos idées et nos expériences. Elle nous offre un moyen de nous exprimer authentiquement et de partager notre vision du monde.

La créativité nous encourage à explorer de nouvelles idées, à sortir de notre zone de confort et à découvrir des aspects inexplorés de nous-mêmes. Elle nous pousse à repousser nos limites et à voir le monde sous un angle différent. C'est une forme de libération émotionnelle et un moyen de faire face au stress quotidien. Elle nous permet de nous plonger dans une activité qui nous passionne, nous permettant ainsi de nous détendre, de nous ressourcer et de trouver un équilibre intérieur. De plus, elle favorise notre croissance personnelle en nous permettant de surmonter les défis, d'apprendre de nouvelles compétences et de développer notre confiance en nous. Elle nourrit notre estime de soi et renforce notre capacité à résoudre les problèmes de manière innovante.

Comment cultiver cette dimension dans notre vie tout en préservant notre budget

Utilisez des matériaux et des ressources abordables : cherchez des alternatives économiques pour les matériaux créatifs, comme l'utilisation de matériaux recyclés, l'achat d'articles en vrac ou la recherche de bonnes affaires.

Exploitez les ressources en ligne gratuites : internet regorge de ressources gratuites pour nourrir votre créativité. Consultez des tutoriels en ligne, des blogs d'art, des plateformes de partage de musique ou d'écriture et découvrez une multitude de conseils et d'inspiration sans avoir à dépenser un centime.

Organisez des échanges créatifs : organisez des échanges de compétences et de matériaux avec d'autres personnes créatives de votre communauté. Cela vous permettra d'explorer de nouvelles techniques, d'élargir votre réseau social et d'accéder à des ressources créatives sans frais supplémentaires.

Créez un espace inspirant à domicile : aménagez un espace dédié à votre créativité dans votre domicile, qu'il s'agisse d'un coin pour la peinture, d'un coin lecture confortable ou d'un studio d'enregistrement. Utilisez des éléments déjà présents dans votre environnement et trouvez des solutions de rangement abordables pour organiser vos fournitures créatives.

Partagez votre créativité avec les autres : organisez des expositions, des soirées littéraires, des spectacles ou des séances d'écoute pour partager votre travail créatif avec les autres. Cela vous permettra de vous connecter avec des personnes partageant les mêmes intérêts et de recevoir des commentaires constructifs.

La créativité est une partie essentielle de notre être, et nous pouvons tous la cultiver dans notre vie quotidienne, quel que soit notre budget. En intégrant des activités créatives dans notre routine et en trouvant des moyens économiques de nourrir notre créativité, nous enrichissons notre vie, stimulons notre esprit et découvrons de nouvelles dimensions de bonheur et de satisfaction personnelle.

Idées d'activités créatives économiques : explorons des idées spécifiques d'activités créatives économiques dans différents domaines :

Art visuel :

- Expérimentez avec des techniques de dessin et de peinture abordables, comme l'aquarelle, le dessin au fusain ou l'art au crayon.
- Utilisez des matériaux recyclés, tels que des journaux, des magazines ou du carton, pour créer des collages artistiques.
- Fabriquez vos propres cadres d'art à partir de matériaux récupérés ou peu coûteux.

Écriture et journaling :

- Tenez un journal personnel où vous pouvez vous exprimer librement et explorer vos pensées et émotions.
- Participez à des ateliers d'écriture gratuits dans votre communauté ou en ligne.
- Écrivez des histoires, des poèmes ou des articles de blog et partagez-les avec d'autres.

Musique :

- Jouez d'un instrument de musique abordable, comme la guitare, le ukulélé ou le clavier.
- Créez votre propre musique en utilisant des applications gratuites d'enregistrement et de production musicale.
- Rejoignez des groupes de musique communautaires ou organisez des séances de jam avec des amis musiciens.

Bricolage et artisanat :

- Fabriquez vos propres bijoux en utilisant des perles, des fils et des matériaux récupérés.
- Transformez des objets recyclés en œuvres d'art, comme des sculptures en utilisant des bouteilles en plastique ou des pots de fleurs en utilisant des boîtes de conserve.
- Apprenez à coudre, à tricoter ou à crocheter pour créer vos propres vêtements ou accessoires.

Cuisine créative :

- Expérimentez de nouvelles recettes en utilisant des ingrédients abordables et de saison.
- Apprenez à faire votre propre pain, vos conserves ou vos confitures maison.
- Organisez des dîners thématiques chez vous et invitez vos amis à partager des plats préparés par chacun.

Photographie :

- Explorez la photographie avec un appareil photo numérique abordable ou même avec votre smartphone.
- Participez à des concours photo en ligne ou organisez une exposition de vos meilleures photos.
- Expérimentez avec la photographie en utilisant des techniques de composition, d'éclairage et de retouche.

Théâtre et improvisation :

- Rejoignez des groupes de théâtre communautaires ou participez à des ateliers d'improvisation gratuits.
- Organisez des soirées de lecture de pièces de théâtre chez vous avec des amis.
- Créez et jouez vos propres scènes ou sketchs comiques.

Rappelez-vous que la créativité n'a pas besoin d'être coûteuse. Elle repose avant tout sur l'imagination et l'expression personnelle. Explorez ces idées, mais n'hésitez pas à suivre votre intuition et à trouver des moyens uniques de vous exprimer.

En nourrissant cette vertu, vous découvrirez une nouvelle source de joie, de satisfaction personnelle et d'épanouissement. Laissez votre imagination prendre son envol et profitez de cette aventure créative sans compromettre votre budget.

S'engager dans des activités créatives peut être une expérience gratifiante et épanouissante, mais cela ne signifie pas que vous devez dépenser une fortune pour l'exprimer. Voici quelques idées et suggestions pour vous engager dans ce genre activités sans compromettre votre budget ;

Utilisez des matériaux abordables

- Pour la peinture, optez pour des toiles en coton moins chères ou utilisez du carton ou du papier de qualité artistique abordable.
- Utilisez des crayons, des feutres ou des stylos de différentes couleurs et épaisseurs pour l'écriture et le dessin.
- Trouvez des instruments de musique d'occasion ou empruntez-en à des amis pour apprendre à jouer sans dépenser beaucoup d'argent.

Explorez les ressources en ligne gratuites

- Recherchez des tutoriels en ligne pour apprendre de nouvelles techniques dans votre domaine créatif de prédilection.
- Consultez des sites web et des forums spécialisés qui proposent des conseils et des idées créatives sans frais supplémentaires.
- Utilisez des logiciels gratuits pour l'édition de photos, la production musicale ou la création de graphiques.

Faites du recyclage créatif

- Utilisez des matériaux recyclés tels que des journaux, des magazines, des boîtes, des bouteilles en plastique ou des tissus pour créer des œuvres d'art originales.
- Transformez des objets du quotidien en pièces uniques et fonctionnelles, comme des pots de fleurs à partir de boîtes de conserve ou des étagères à partir de planches récupérées.

Organisez des échanges créatifs

- Organisez des événements où les participants peuvent échanger des matériaux, des fournitures ou des outils pour leurs projets créatifs.
- Rejoignez des groupes de partage et d'échange créatif dans votre communauté où vous pouvez rencontrer d'autres personnes ayant les mêmes intérêts.

Visitez les bibliothèques et les centres communautaires

- Les bibliothèques sont d'excellentes ressources pour trouver des livres et des magazines d'art, de musique, d'écriture et de bricolage, sans avoir à les acheter.
- Les centres communautaires proposent souvent des ateliers créatifs gratuits ou à faible coût, où vous pouvez apprendre de nouvelles compétences et rencontrer d'autres personnes créatives.

Participez à des événements locaux

- Recherchez des festivals, des expositions ou des marchés locaux où vous pouvez exposer vos créations, vendre vos œuvres ou simplement trouver de l'inspiration.
- Assistez à des concerts gratuits ou à des spectacles ouverts au public pour découvrir de nouveaux talents et encourager la créativité de votre communauté.

Échangez des connaissances et des compétences

- Organisez des séances d'apprentissage mutuel où vous pouvez partager vos connaissances et compétences avec d'autres personnes intéressées par des activités créatives.
- Trouvez des forums en ligne ou des groupes de discussion où vous pouvez poser des questions, partager vos réalisations et recevoir des conseils et des critiques constructives.

N'oubliez pas que la créativité réside avant tout dans votre esprit et votre imagination, et non dans les outils ou les matériaux coûteux que vous utilisez. En l'utilisant et en explorant ces idées et suggestions, vous pouvez vous engager dans des activités créatives sans dépenser une fortune. Cultivez votre passion, expérimentez, apprenez des autres et amusez-vous tout en exprimant votre créativité, et vous découvrirez une richesse artistique et personnelle sans égal, sans avoir à vous soucier de votre portefeuille.

Chapitre 10

Choisissez la simplification et le désencombrement

Exploration des avantages de la simplification de notre environnement et de notre mode de vie

Dans notre société moderne où la surconsommation et l'accumulation de biens matériels sont souvent valorisées, la simplification et le désencombrement peuvent sembler à contre-courant. Pourtant, adopter un mode de vie plus simple et débarrassé de l'encombrement peut apporter de nombreux avantages à notre bien-être et à notre bonheur.

Lorsque notre environnement est encombré, il peut être difficile de se concentrer et de trouver la tranquillité d'esprit. En simplifiant notre espace, nous créons une atmosphère plus propice à la clarté mentale et à la réduction du stress. Moins de biens matériels signifie moins d'objets à entretenir et à gérer, ce qui libère du temps et de l'énergie pour des activités plus significatives.

Le désencombrement nous permet de libérer de l'espace physique dans notre maison, notre bureau et notre vie quotidienne. Cela crée une sensation d'espace ouvert et d'aération, ce qui peut contribuer à une atmosphère plus paisible et détendue. Un espace désencombré facilite également la circulation, rendant les tâches quotidiennes plus fluides et efficaces.

En désencombrant notre espace, nous pouvons également identifier des objets dont nous n'avons plus besoin et les vendre, les donner ou les échanger, ce qui peut générer des économies supplémentaires.

Un mode de vie simplifié favorise une consommation plus responsable et durable. En réduisant notre dépendance aux biens matériels, nous contribuons à réduire notre empreinte écologique et à préserver les ressources naturelles de notre planète.

En nous concentrant sur l'essentiel, nous pouvons donner plus d'importance à notre bien-être émotionnel, à notre croissance personnelle et à notre épanouissement.

Maintenant que nous saisissons les avantages de la simplification de notre environnement et de notre mode de vie, explorons quelques conseils pratiques pour y parvenir :

Passez en revue tous vos biens et posez-vous la question : "Est-ce que cela me procure de la valeur ou de la joie ?" Si la réponse est non, envisagez de vous en débarrasser.

Pratiquez la règle du "un objet qui entre, un objet qui sort" : chaque fois que vous achetez quelque chose de nouveau, trouvez un objet existant à donner, à vendre ou à jeter.

Triez vos affaires pièce par pièce et identifiez ce qui peut être jeté, donné ou vendu.

Utilisez des méthodes de désencombrement telles que la méthode KonMari, qui consiste à garder uniquement les objets qui vous procurent de la joie, ou la règle des six mois, qui consiste à se débarrasser de tout ce qui n'a pas été utilisé au cours des six derniers mois.

Privilégiez la qualité plutôt que la quantité. Créez des zones de rangement claires et étiquetez les contenants pour une meilleure organisation.

Rangez les objets de manière logique et pratique, en mettant les choses que vous utilisez le plus souvent à portée de main.

Identifiez les tâches quotidiennes et hebdomadaires qui vous prennent du temps et cherchez des moyens de les simplifier. Par exemple, préparez vos vêtements la veille pour gagner du temps le matin.

Établissez des routines régulières pour les tâches ménagères, la gestion des finances et d'autres aspects de votre vie, afin de réduire le stress et d'éviter les retards ou les oublis.

Apprenez à vous détacher des biens matériels en comprenant que ce sont des objets et non des extensions de votre identité ou de votre bonheur.

Conseils pour désencombrer notre espace, organiser nos biens de manière efficace et adopter un mode de vie minimaliste.

Commencez petit

- Débutez par une pièce ou une zone spécifique de votre maison. Cela vous permettra de vous concentrer et de voir des résultats rapidement, ce qui vous encouragera à poursuivre.
- Divisez le processus en étapes gérables et fixez-vous des objectifs réalistes. Par exemple, vous pouvez décider de désencombrer une étagère chaque jour.

Posez-vous les bonnes questions :

- Lorsque vous triez vos objets, demandez-vous si chaque objet vous procure de la valeur, s'il est utile ou s'il vous apporte de la joie. Si la réponse est négative, envisagez de vous en séparer.
- Soyez honnête avec vous-même et évitez de garder des objets par sentiment de culpabilité ou par peur de manquer. Apprenez à vous détacher émotionnellement des biens matériels.

Adoptez une approche "un objet à la fois" :

- Au lieu de vous sentir submergé par le désencombrement, prenez chaque objet individuellement. Tenez-le dans vos mains et décidez consciemment si vous souhaitez le garder ou vous en débarrasser.
- Faites des piles distinctes pour les objets à jeter, à donner, à vendre ou à recycler. Cela vous aidera à maintenir l'organisation pendant le processus.

Organisez de manière fonctionnelle :

- Une fois que vous avez désencombré votre espace, organisez vos biens de manière fonctionnelle. Placez les objets que vous utilisez le plus fréquemment à portée de main.
- Utilisez des boîtes de rangement, des paniers ou des étagères pour regrouper les objets similaires et faciliter leur accès.

Adoptez une politique d'entrée stricte :

- Réfléchissez attentivement avant d'acheter de nouveaux objets. Posez-vous des questions sur leur utilité réelle, leur qualité et si vous en avez réellement besoin.
- Privilégiez les expériences et les moments partagés plutôt que les possessions matérielles.

Créez des espaces "sans encombrement" :

- Identifiez des zones dans votre maison où vous souhaitez maintenir un environnement sans encombrement. Par exemple, votre table de cuisine ou votre bureau peut être réservé uniquement aux objets essentiels.
- Faites de l'entretien régulier une habitude en rangeant les objets à leur place après les avoir utilisés.

En désencombrant votre espace, vous créez un environnement plus calme, plus organisé et propice à la sérénité. En adoptant un mode de vie minimaliste, vous vous libérez du poids des possessions matérielles inutiles et vous ouvrez la voie à une vie plus équilibrée et significative.

Rappelez-vous que la simplification est un processus continu. Prenez le temps de réévaluer régulièrement vos biens et vos habitudes, afin de maintenir un espace épuré et de cultiver un mode de vie minimaliste qui correspond à vos valeurs et à vos objectifs.

Note de l'auteur

Chers lecteurs, ce livre est le résultat de nombreuses années d'expériences et d'échecs, de hauts et de bas, de recherches, de synthèses et de rédaction. Je me permets de m'adresser à vous pour m'écrire votre ressenti sur mon expérience ainsi que sur le livre. Votre évaluation me permettra d'enrichir son contenu et de pallier d'éventuelles lacunes. Ce sera aussi votre manière de m'encourager, car écrire ce livre a aussi été une nouvelle expérience pour partager avec vous mes trouvailles et mon approche pour une meilleure vie en dépensant moins. Je vous remercie par avance pour vos encouragements et votre retour constructif.

Dans l'attente de vos commentaires sur Amazon, acceptez toute ma gratitude.

Bonne continuation dans votre lecture

Partie III

Apprentissage, développement personnel et bonheur économe

Chapitre 11

Priorisez le développement personnel et l'apprentissage

Mise en avant de l'importance de l'apprentissage continu et du développement personnel dans notre croissance et notre bonheur

Dans un monde en constante évolution, il est essentiel de reconnaître l'importance de l'apprentissage continu et du développement personnel pour notre croissance et notre bonheur. Ce chapitre met en avant les bénéfices de l'engagement dans le développement personnel et de l'adoption d'une mentalité d'apprentissage permanent. Nous explorerons également des conseils pratiques pour intégrer ces aspects dans notre vie, tout en respectant notre budget.

L'apprentissage continu pour l'épanouissement personnel

L'apprentissage ne se limite pas aux années de scolarité formelle. Il est crucial de cultiver une mentalité d'apprentissage tout au long de notre vie. L'acquisition de nouvelles connaissances, compétences et perspectives nous permet de nous développer en tant qu'individus, d'explorer de nouvelles passions et de trouver un sens plus profond à notre vie.

L'exploration de nouvelles compétences à moindre coût

Internet regorge de ressources gratuites ou à faible coût pour apprendre de nouvelles compétences. Les plateformes en ligne proposent des cours, des tutoriels et des vidéos dans une multitude de domaines, tels que la programmation, la photographie, le développement personnel, la cuisine, la musique, etc. Profitez des bibliothèques locales qui proposent souvent des livres, des e-books, des magazines et des ressources en ligne gratuits sur une variété de sujets.

Les bienfaits du développement personnel

Le développement personnel englobe des activités et des pratiques visant à améliorer notre bien-être émotionnel, notre confiance en soi et notre croissance personnelle. Les activités telles que :

- la méditation ;
- la tenue d'un journal quotidien ;
- la pratique de la gratitude ;
- la visualisation ;
- l'exploration de nos valeurs et de nos croyances, ainsi que
- la lecture de livres de développement personnel, peuvent nous aider à évoluer et à nous épanouir dans tous les aspects de notre vie.

L'établissement d'objectifs personnels

Définir des objectifs personnels est une motivation importante pour nous permettre de progresser dans notre développement personnel. Fixez-vous des objectifs réalistes, mesurables et significatifs. Identifiez les compétences que vous souhaitez développer, les connaissances que vous souhaitez acquérir ou les aspects de votre personnalité que vous souhaitez améliorer. Ensuite, établissez un plan d'action pour atteindre ces objectifs.

Le partage des connaissances et l'apprentissage social

L'apprentissage n'est pas seulement une quête individuelle. Partagez vos connaissances et votre expérience avec les autres, et recherchez des opportunités d'apprentissage.

Rejoignez des groupes de discussion, des clubs de lecture, des communautés en ligne ou des réseaux sociaux centrés sur des sujets qui vous intéressent. Échangez avec d'autres personnes partageant les mêmes intérêts et bénéficiez de leurs conseils.

Exploiter les opportunités d'apprentissage dans notre quotidien

Transformez votre routine quotidienne en opportunités d'apprentissage. Écoutez des podcasts éducatifs ou inspirants pendant vos trajets, profitez de votre temps libre pour lire des livres qui élargissent votre horizon, ou suivez des conférences et des webinaires en ligne. Intégrez des moments de réflexion et d'auto-évaluation dans votre emploi du temps pour évaluer vos progrès, identifiez les domaines à améliorer et ajustez vos objectifs.

L'apprentissage continu et le développement personnel sont des piliers essentiels de notre épanouissement et de notre bonheur. En intégrant ces aspects dans notre vie quotidienne, nous nous engageons sur un chemin de croissance personnelle, d'exploration de nouvelles compétences et de découverte de notre plein potentiel, sans pour autant compromettre notre budget. C'est une aventure passionnante qui nous permet de rester curieux, engagés et épanouis tout au long de notre parcours de vie.

Conseils pratiques pour intégrer l'apprentissage continu et le développement personnel dans notre vie quotidienne sans dépenser une fortune

Maximisez l'utilisation des ressources gratuites en ligne :

- Explorez des plateformes éducatives en ligne, telles que Coursera, edX et Khan Academy, qui proposent des cours gratuits sur une variété de sujets.
- Consultez des sites web spécialisés qui offrent des ressources gratuites, des tutoriels et des articles dans des domaines spécifiques.
- Suivez des chaînes YouTube ou des podcasts éducatifs qui proposent du contenu de qualité sans frais.

Profitez des bibliothèques et des clubs de lecture :

- Les bibliothèques locales sont une mine d'or pour accéder à une multitude de livres, d'e-books, de magazines et de ressources en ligne gratuitement.
- Rejoignez des clubs de lecture ou des groupes de discussion où vous pourrez partager vos découvertes littéraires et échanger des idées avec d'autres passionnés de lecture.

Expérimentez l'apprentissage par la pratique :

- Acquérez de nouvelles compétences en utilisant des matériaux recyclés ou en réutilisant des objets que vous avez déjà chez vous. Par exemple, réalisez des projets de bricolage en utilisant des matériaux recyclés.

- Profitez des opportunités de bénévolat dans votre communauté pour acquérir de nouvelles compétences et contribuer à des projets significatifs.

Participez à des conférences et à des événements locaux

Renseignez-vous sur les conférences, les ateliers et les événements locaux gratuits ou à faible coût dans votre communauté. Cela peut être l'occasion de rencontrer des experts, d'élargir vos connaissances et de vous connecter avec d'autres personnes partageant les mêmes intérêts.

Créez un groupe d'apprentissage informel :

- Formez un groupe d'apprentissage informel avec des amis, des collègues ou des voisins pour explorer ensemble des sujets d'intérêt commun.

- Organisez des séances de partage de connaissances, où chaque membre du groupe peut présenter un sujet qui les passionne et en discuter avec les autres.

Explorez les ressources locales gratuites ou à faible coût

- Renseignez-vous sur les conférences, les cours ou les ateliers offerts par des organisations locales, des musées, des centres communautaires ou des universités qui pourraient être accessibles à un prix abordable.

- Recherchez des subventions ou des bourses d'études disponibles pour participer à des programmes de développement personnel ou à des formations spécifiques.

L'apprentissage continu et le développement personnel ne nécessitent pas forcément de dépenses importantes. En exploitant les ressources gratuites en ligne, vous pouvez enrichir votre esprit, acquérir de nouvelles compétences et découvrir de nouvelles passions sans compromettre votre budget. Explorez les plateformes d'apprentissage en ligne, telles que Coursera, Udemy, LinkedIn Learning, où vous pouvez trouver une vaste gamme de cours dans différents domaines à des prix abordables.

Recherchez des cours gratuits ou des options de financement aidant à réduire les coûts, tels que les bourses, les offres spéciales ou les programmes de formation professionnelle financés par des institutions ou des entreprises.

Téléchargez des applications éducatives qui proposent des leçons, des exercices et des quiz interactifs sur divers sujets.

Écoutez des podcasts éducatifs qui offrent des discussions et des interviews sur des sujets inspirants, des domaines d'expertise ou des récits de réussite.

Explorez des livres de développement personnel, de motivation, de croissance personnelle, de réussite, etc.

Utilisez les ressources gratuites dans les bibliothèques locales ou les sites web.

Recherchez des webinaires gratuits ou à faible coût proposés par des experts, des professionnels et des leaders d'opinion dans votre domaine d'intérêt.

Consultez les sites web d'organisation ou de conférences pour découvrir des événements en ligne qui pourraient vous offrir des opportunités d'apprentissage.

Mettez en pratique vos nouvelles compétences en vous lançant dans des projets pratiques. Par exemple, si vous apprenez la photographie, organisez des séances de prise de vue avec des amis ou documentez votre environnement. Participez à des compétitions, à des hackathons ou à des événements créatifs pour mettre en valeur vos talents et acquérir de l'expérience.

Adoptez une attitude positive envers l'apprentissage continu et le développement personnel. Croyez en votre capacité à apprendre et à grandir, même face aux défis. Développez des habitudes d'autoréflexion, d'auto-évaluation et de remise en question pour identifier les domaines dans lesquels vous pouvez vous améliorer et évoluer.

Recherchez des forums, des groupes Facebook ou des communautés en ligne axées sur les sujets qui vous intéressent. C'est l'occasion d'échanger des idées, de poser des questions et de bénéficier des connaissances et des expériences d'autres personnes partageant les mêmes intérêts.

Participez activement aux discussions et engagez-vous dans des projets collaboratifs pour élargir vos horizons et vous connecter avec des apprenants du monde entier.

Appliquez les compétences que vous apprenez dans des projets réels. Que ce soit en créant un blog, en développant un projet artistique ou en lançant une entreprise à petite échelle, l'expérimentation pratique renforce votre compréhension et renforce votre confiance en vos capacités. Soyez ouvert aux erreurs et aux échecs, car ils font partie intégrante du processus d'apprentissage et de croissance.

Identifiez des mentors ou des coachs dans votre domaine d'intérêt. Ils peuvent vous offrir des conseils précieux, des orientations et des encouragements pour vous aider à progresser dans votre parcours d'apprentissage. Explorez les programmes de mentorat ou recherchez des plateformes en ligne qui facilitent la connexion avec des mentors potentiels.

Intégrez l'apprentissage dans votre quotidien en créant des routines dédiées. Allouez un temps spécifique chaque jour ou chaque semaine pour vous engager dans des activités d'apprentissage, que ce soit la lecture, la pratique de compétences ou le suivi de cours en ligne. Planifiez vos sessions d'apprentissage de manière à ce qu'elles soient cohérentes et régulières, afin de maintenir votre motivation et votre engagement sur le long terme.

Suivez des experts, des influenceurs et des professionnels dans votre domaine d'intérêt sur les réseaux sociaux. Leurs publications, vidéos et conseils peuvent vous inspirer et vous fournir des ressources supplémentaires pour votre apprentissage. Participez aux conversations en ligne en posant des questions, en partageant vos expériences et en établissant des liens avec des personnes partageant les mêmes intérêts.

En intégrant ces suggestions dans votre vie quotidienne, vous pouvez créer un environnement propice à l'apprentissage continu, à l'acquisition de nouvelles compétences et à votre développement personnel. N'oubliez pas de vous fixer des objectifs clairs, de maintenir votre motivation et de célébrer vos progrès. L'apprentissage est un voyage enrichissant qui vous permettra d'évoluer en tant qu'individu et de vous épanouir dans tous les aspects de votre vie.

L'acquisition de nouvelles compétences, l'apprentissage en ligne, la lecture de livres inspirants et le développement d'une mentalité de croissance sont des moyens puissants de stimuler votre développement personnel.

En utilisant les ressources disponibles, gratuitement ou à faible coût, vous pouvez continuer à élargir vos connaissances, à développer vos compétences et à adopter une perspective de croissance qui vous permettra d'atteindre vos objectifs et de vous épanouir dans tous les aspects de votre vie.

Chapitre 12

Explorez l'engagement communautaire

Exploration des avantages de s'impliquer dans sa communauté et de participer à des initiatives locales

Il y a plusieurs avantages à s'engager et à participer à des initiatives locales pour une vie épanouie et en dépensant moins. S'impliquer dans sa communauté offre de nombreuses opportunités de contribuer, de se connecter avec les autres et de trouver un sens plus profond à sa vie.

Les avantages de l'engagement communautaire

L'engagement communautaire permet de tisser des liens sociaux plus forts, de renforcer le sentiment d'appartenance et de contribuer au bien-être de sa communauté. En s'impliquant dans des initiatives locales, on développe un sentiment de satisfaction et de fierté en contribuant à des causes qui nous tiennent à cœur.

Identifier ses intérêts et ses passions

Identifiez les sujets qui vous passionnent et qui sont pertinents dans votre communauté. Cela peut être lié à l'environnement, à l'éducation, à la santé, à la culture, à l'aide aux personnes dans le besoin, etc.

Trouver des opportunités d'engagement

Recherchez des organisations locales, des associations, des groupes de bénévoles ou des initiatives communautaires qui travaillent sur les problématiques qui vous intéressent.

Consultez les sites web, les médias sociaux ou les panneaux d'affichage locaux pour découvrir les événements, les projets ou les campagnes auxquels vous pourriez participer.

Le bénévolat et le don de son temps

Le bénévolat est une façon précieuse de contribuer à votre communauté sans dépenser d'argent. Recherchez des opportunités de bénévolat dans des organisations locales, des centres communautaires, des associations caritatives, des écoles ou des hôpitaux.

Offrez vos compétences, votre expertise ou votre temps pour aider les autres. Cela peut être dans le cadre de l'enseignement, du mentorat, de l'assistance aux personnes âgées, de la collecte de fonds, du jardinage communautaire, etc.

Le partage de ressources

Identifiez les ressources que vous pouvez partager avec votre communauté. Organisez des ateliers, des séances d'information ou des événements.

Participer à des initiatives locales

Rejoignez des groupes de discussion, des comités, des conseils d'administration ou des projets locaux qui travaillent sur des enjeux importants. Contribuez à la planification et à la mise en œuvre de projets visant à améliorer votre environnement, à promouvoir la durabilité, à soutenir les entrepreneurs locaux, à encourager la participation des jeunes.

Faire du bénévolat virtuel

Si vous disposez de peu de temps ou si vous avez des contraintes de mobilité, explorez les opportunités de bénévolat virtuel. De nombreuses organisations proposent des projets en ligne où vous pouvez aider à distance, que ce soit en fournissant un soutien administratif, en créant du contenu, en offrant des conseils ou en participant à des initiatives de sensibilisation.

Recherchez des opportunités de bénévolat à faible coût

Consultez les sites web des organisations locales, des centres communautaires ou des associations caritatives pour connaître les opportunités de bénévolat à faible coût. Certaines d'entre elles proposent des programmes spéciaux pour les bénévoles, tels que la réduction des frais d'adhésion ou la gratuité de certains services.

Organisez des événements communautaires abordables :

Si vous souhaitez contribuer à votre communauté en organisant des événements, cherchez des moyens de les rendre abordables. Utilisez des espaces communautaires gratuits ou peu coûteux, demandez des dons ou trouvez des partenaires locaux pour obtenir des ressources à moindre coût.

Participez à des projets collaboratifs

Rejoignez des projets collaboratifs qui impliquent plusieurs membres de la communauté. Par exemple, vous pouvez vous impliquer dans un projet de jardin communautaire, où chacun contribue avec ses compétences, son temps et ses ressources pour créer un espace de culture partagé.

Utilisez les médias sociaux pour promouvoir des causes

Utilisez les médias sociaux pour sensibiliser aux causes qui vous tiennent à cœur. Partagez des informations, organisez des campagnes de sensibilisation et encouragez les autres à participer. Cela peut se faire sans dépenser d'argent, mais en utilisant votre voix et votre influence pour susciter l'engagement.

Partagez vos compétences et vos connaissances

Identifiez vos compétences et les connaissances spécifiques que vous pouvez partager avec votre communauté. Offrez des ateliers, gratuits ou à faible coût, dans votre domaine d'expertise, organisez des sessions de mentorat ou proposez des conseils individuels à ceux qui en ont besoin.

Impliquez-vous dans des initiatives de recyclage et de durabilité

Rejoignez des initiatives locales axées sur le recyclage, la réduction des déchets et la durabilité. Vous pouvez participer à des campagnes de nettoyage, promouvoir des pratiques écologiques et partager des conseils pour réduire la consommation et favoriser un mode de vie durable.

Établissez des partenariats avec des entreprises locales

Identifiez des entreprises locales qui partagent vos valeurs et vos objectifs communautaires. Établissez des partenariats pour organiser des événements, des collectes de fonds ou des projets conjoints, qui bénéficieront à la fois à votre communauté et à l'entreprise.

Soutenez les initiatives locales

Favorisez les entreprises locales, les marchés fermiers, les artisans et les artistes de votre communauté. En dépensant votre argent localement, vous contribuez à renforcer l'économie locale et à soutenir les entreprises et les individus de votre communauté.

Impliquez-vous dans des initiatives de bénévolat virtuel

Si vous avez des contraintes de temps ou de mobilité, recherchez des opportunités de bénévolat virtuel. Vous pouvez aider des organisations à distance en offrant vos compétences dans des domaines tels que la conception graphique, la traduction, la rédaction, le soutien administratif, etc.

S'engager pour sa communauté est un levier puissant afin de donner un sens plus profond à sa vie et de contribuer au bien-être collectif. En identifiant vos intérêts, en recherchant des opportunités d'engagement et en offrant votre temps et vos ressources, vous pouvez jouer un rôle actif dans le développement de votre communauté sans avoir à dépenser une fortune. L'engagement communautaire offre des avantages à la fois pour vous-même et pour les autres, en créant des liens, en renforçant le tissu social et en contribuant à un monde meilleur.

Bénévolat dans des soupes populaires ou des banques alimentaires

Consacrez du temps pour servir des repas ou pour trier et distribuer des denrées alimentaires aux personnes dans le besoin.

Bénévolat dans des refuges pour sans-abri ou des centres d'hébergement

Offrez votre aide en proposant des repas, des vêtements, des fournitures ou en organisant des activités sociales.

Rejoignez une association locale

Identifiez des associations qui travaillent sur des causes qui vous passionnent, comme l'environnement, l'éducation, la santé, la culture, et devenez membre actif.

Organisez des collectes de fonds ou des campagnes de sensibilisation

Mobilisez votre communauté en organisant des événements de collecte de fonds, des campagnes de dons en ligne ou des actions de sensibilisation pour soutenir des initiatives locales.

Organisez des événements communautaires

Planifiez des événements, tels que des marchés artisanaux, des festivals de quartier, des concerts, des foires locales ou des compétitions sportives pour rassembler les membres de la communauté.

Participez à des projets de nettoyage et d'embellissement de l'environnement

Organisez des journées de nettoyage des parcs, des plages ou des rivières pour contribuer à la préservation de l'environnement local.

Partagez vos compétences et Impliquez-vous dans des initiatives éducatives

Offrez des cours gratuits ou à faible coût dans votre domaine d'expertise, que ce soit la musique, l'art, le jardinage, la cuisine, la technologie, ou d'autres compétences que vous maîtrisez.

Rejoignez des programmes de mentorat, offrez votre aide pour soutenir les élèves dans leurs études ou participez à des programmes d'alphabétisation pour adultes.

Établissez des liens avec les membres de la communauté

Participez à des rencontres locales, à des clubs de loisirs ou à des groupes d'intérêt pour rencontrer et établir des liens avec les habitants de votre communauté.

Chapitre 13

Adoptez la durabilité et la consommation responsable

Introduction à la consommation responsable et à l'adoption d'un mode de vie durable

Dans ce chapitre, nous aborderons l'importance de la durabilité et de la consommation responsable dans notre vie quotidienne. Nous explorerons les différents aspects de la durabilité, de l'impact de nos choix de consommation sur l'environnement, et nous fournirons des conseils pratiques pour adopter un mode de vie plus durable, sans compromettre notre bonheur et notre bien-être.

La durabilité est un concept clé qui vise à répondre aux besoins actuels sans compromettre la capacité des générations futures à répondre à leurs propres besoins. Elle repose sur plusieurs principes clés qui visent à minimiser l'impact négatif sur l'environnement, à préserver les ressources naturelles et à favoriser une économie circulaire.

Réduction des déchets

La réduction des déchets consiste à minimiser la quantité de déchets produits par une société ou une communauté. Cela implique de repenser la consommation et de privilégier des choix durables, tels que l'utilisation de produits réutilisables plutôt que jetables, la pratique du recyclage et du compostage, et l'adoption d'un mode de vie axé sur le minimalisme et l'économie circulaire.

Préservation des ressources naturelles

La préservation des ressources naturelles consiste à utiliser les ressources de manière responsable et à minimiser leur épuisement. Cela peut inclure des pratiques telles que la conservation de l'eau, la protection de la biodiversité, la gestion durable des forêts, l'utilisation rationnelle de l'énergie et la promotion de sources d'énergie renouvelables.

Lutte contre le changement climatique

La lutte contre le changement climatique fait référence aux efforts déployés pour réduire les émissions de gaz à effet de serre et atténuer les effets néfastes du réchauffement climatique. Cela peut inclure des mesures, telles que la transition vers des sources d'énergie propres, la promotion du transport durable, l'amélioration de l'efficacité énergétique des bâtiments, la sensibilisation à l'empreinte carbone individuelle et collective, ainsi que le soutien à des politiques climatiques globales.

Promotion d'une économie circulaire

L'économie circulaire est un modèle économique qui vise à éliminer les déchets et à maximiser l'utilisation des ressources existantes. Elle encourage la réutilisation, la réparation, le recyclage et la valorisation des produits et des matériaux, plutôt que leur élimination. L'économie circulaire favorise également les pratiques d'écoconception, les modèles d'affaires durables et les chaînes d'approvisionnement responsables.

Ces concepts clés de durabilité sont interconnectés et se renforcent mutuellement. La durabilité est une approche holistique qui nécessite la collaboration et l'engagement de tous les acteurs, qu'il s'agisse des gouvernements, des entreprises, des communautés et des individus. En adoptant ces principes clés de durabilité, nous pouvons contribuer à la préservation de notre planète et à la création d'un avenir plus durable pour les générations à venir.

Comprendre l'impact de nos choix de consommation est crucial pour prendre des décisions éclairées et responsables. Nos habitudes de consommation ont des répercussions directes sur l'environnement, les ressources naturelles et les communautés locales et mondiales.

La surconsommation désigne l'acte de consommer plus que ce dont nous avons réellement besoin. Cela conduit à une demande accrue de biens et de services, entraînant une pression sur les ressources naturelles et une augmentation des déchets. Elle peut également contribuer à des inégalités sociales et économiques, car elle accentue les disparités dans l'accès aux ressources.

L'utilisation excessive des ressources se produit lorsque nous consommons les ressources naturelles plus rapidement qu'elles ne peuvent se régénérer. Cela inclut l'exploitation exagérée des combustibles fossiles, l'utilisation excessive de l'eau, la déforestation non durable et l'épuisement des stocks de poissons. Cette consommation entraîne une diminution des ressources disponibles et peut perturber les écosystèmes naturels.

La consommation excessive entraîne souvent une augmentation de la pollution. Les activités de production et de consommation génèrent des émissions de gaz à effet de serre, des rejets chimiques et des déchets toxiques qui contribuent à la pollution de l'air, de l'eau et des sols. Ce phénomène a un impact néfaste sur la santé humaine, la biodiversité et les écosystèmes.

La surconsommation génère également une quantité croissante de déchets. Ces déchets, mal ou non gérés, peuvent contaminer l'environnement, ce qui peut causer des problèmes de santé d'une part et, d'autre part, nécessiter une gestion coûteuse et énergivore de leur quantité. La production de biens jetables et la culture du gaspillage contribuent à cette problématique. La réduction des déchets et la promotion de l'économie circulaire sont donc des approches clés pour faire face à ce problème.

La consommation responsable est une approche de consommation consciente qui vise à minimiser l'impact négatif de nos choix de consommation sur l'environnement, les ressources naturelles, les droits de l'homme et les conditions de travail. Elle repose sur des principes clés qui encouragent l'achat réfléchi, l'achat de produits durables et éthiques, ainsi que la réduction de notre empreinte écologique.

L'achat réfléchi consiste à prendre le temps de considérer l'impact environnemental et social d'un produit avant de l'acheter. Cela implique de se poser des questions sur l'origine du produit, les conditions de production, les pratiques durables et les valeurs éthiques de l'entreprise. En privilégiant les produits fabriqués de manière responsable, on encourage les pratiques commerciales plus durables.

L'achat de produits durables signifie opter pour des articles de qualité qui durent plus longtemps, réduisant ainsi la nécessité de les remplacer fréquemment. Cela peut inclure l'achat de produits fabriqués à partir de matériaux durables, recyclables ou biodégradables. Cette pratique éthique implique de soutenir des entreprises qui respectent les droits des travailleurs, luttent contre les conditions de travail précaires et respectent les normes environnementales.

La réduction de notre empreinte écologique consiste à minimiser la quantité de ressources naturelles que nous consommons et les déchets que nous générons. Cela peut être réalisé en faisant des choix éclairés, tels que l'achat de produits recyclés ou reconditionnés, la réutilisation d'articles lorsque cela est possible, la réduction de la consommation d'eau et d'énergie, ainsi que la gestion appropriée des déchets par le recyclage et le compostage.

La consommation responsable encourage également des pratiques telles que la préférence pour les produits locaux et de saison, le soutien aux petites entreprises et aux artisans locaux, ainsi que la promotion de l'économie circulaire et du partage des ressources. Elle reconnaît le pouvoir du consommateur de faire des choix qui ont un impact positif sur l'environnement, les communautés et les conditions de vie des travailleurs.

Voici quelques conseils pratiques pour mettre en œuvre les principes des 3R (**r**éduction, **r**éutilisation, **r**ecyclage) dans notre vie quotidienne afin de réduire les déchets, de réutiliser les produits et de recycler les matériaux ;

Réduction :

- Privilégiez les produits en vrac et évitez les emballages excessifs.
- Optez pour des produits durables et de haute qualité qui durent plus longtemps.
- Utilisez des sacs réutilisables lors de vos achats et évitez les sacs en plastique à usage unique.

- Évitez le gaspillage alimentaire en planifiant vos repas, en conservant les restes et en compostant les déchets organiques.

Réutilisation :

- Privilégiez les produits réutilisables plutôt que jetables, tels que les bouteilles d'eau réutilisables, les sacs en tissu, les contenants alimentaires durables, etc.
- Achetez des produits d'occasion lorsque cela est possible, comme des vêtements, des meubles, des livres, des appareils électroniques, etc.
- Réparez les articles endommagés au lieu de les jeter. Apprenez à coudre, à bricoler ou à effectuer des réparations de base pour prolonger la durée de vie de vos possessions.

Recyclage :

- Familiarisez-vous avec les directives de recyclage de votre région et assurez-vous de trier correctement les matériaux recyclables.
- Recyclez les papiers, les cartons, les plastiques, les métaux et le verre, conformément aux consignes de recyclage.
- Identifiez les points de collecte des matériaux recyclables dans votre communauté et assurez-vous d'y déposer vos déchets recyclables correctement.

Compostage :

- Si possible, compostez vos déchets alimentaires et de jardin pour les transformer en compost naturel riche en nutriments.
- Utilisez le compost dans votre jardin ou offrez-le aux autres jardiniers locaux.

Sensibilisation :

- Éduquez-vous sur les pratiques de réduction des déchets, de réutilisation et de recyclage.
- Partagez vos connaissances avec votre famille, vos amis et votre communauté pour encourager une prise de conscience collective et une action positive.

En adoptant ces pratiques dans notre vie quotidienne, nous pouvons tous contribuer à réduire les déchets, à préserver les ressources et à minimiser notre impact sur l'environnement. Chaque petit geste compte et ensemble, nous pouvons faire une différence significative pour créer un avenir plus durable.

Les écolabels sont des certifications décernées aux produits qui répondent à des normes environnementales strictes. Recherchez des labels reconnus, tels que l'Écolabel européen, le label Energy Star pour les appareils électroménagers économes en énergie.

Recherchez des produits réputés pour leur qualité et leur durabilité. Lisez les avis et les recommandations des consommateurs, consultez les classements des produits durables et comparez les options disponibles. Les produits durables sont généralement fabriqués avec des matériaux solides et résistants, et sont conçus pour durer plus longtemps.

Tenez compte de l'ensemble du cycle de vie du produit, y compris sa fabrication, son utilisation et sa fin de vie. Choisissez des produits qui ont un faible impact sur l'environnement à chaque étape, tels que les produits économes en énergie, les produits sans substances toxiques, les produits à faible émission de carbone, etc.

Renseignez-vous sur les pratiques des marques et des entreprises en matière de durabilité. Recherchez celles qui adoptent des initiatives responsables sur le plan social et environnemental, qui privilégient des conditions de travail équitables, qui réduisent leur empreinte carbone et qui mettent en place des programmes de responsabilité sociale des entreprises.

Optez pour des produits réparables : privilégiez les produits dont les pièces de rechange sont facilement disponibles et remplaçables. Cela facilitera les réparations en cas de besoin, prolongeant ainsi la durée de vie du produit.

Restez informé des dernières tendances en matière de durabilité et des pratiques de l'industrie. Les initiatives telles que l'économie circulaire, le minimalisme et le commerce équitable gagnent en popularité et offrent des options de produits plus durables.

Utilisez des appareils éco énergétiques

Optez pour des appareils électroménagers et électroniques labellisés *Energy star* ou équivalents. Ces appareils sont conçus pour être plus économes en énergie et peuvent réduire considérablement votre consommation d'électricité.

Isolez efficacement votre maison

Assurez-vous que votre maison est bien isolée pour éviter les pertes de chaleur en hiver et les gains de chaleur excessifs en été. Isoler les murs, les fenêtres, les portes et les combles peut réduire votre dépendance aux systèmes de chauffage et de climatisation, réduisant ainsi votre consommation d'énergie.

Utilisez des sources d'énergie renouvelables

Explorez la possibilité d'installer des panneaux solaires sur votre toit pour produire votre propre électricité à partir d'une source d'énergie renouvelable. Vous pouvez également envisager d'utiliser des éoliennes domestiques ou de vous fournir en électricité verte auprès de votre fournisseur d'énergie.

Réduisez votre consommation d'électricité

Adoptez des habitudes économes en énergie, telles que l'extinction des lumières lorsque vous quittez une pièce, l'utilisation de lampes à LED, l'utilisation de thermostats programmables et l'utilisation d'appareils à basse consommation d'énergie.

Utilisez efficacement l'eau chaude

Réduisez votre consommation d'eau chaude en prenant des douches plus courtes, en installant des pommes de douche économes en eau, en isolant les tuyaux d'eau chaude et en utilisant des lave-linge et des lave-vaisselle économes en eau.

Optimisez l'utilisation du chauffage et de la climatisation

Utilisez un thermostat programmable pour régler la température de votre maison selon vos besoins et programmez des températures plus basses pendant les périodes d'inactivité ou pendant la nuit. Veillez également à bien entretenir vos systèmes de chauffage et de climatisation pour une efficacité optimale.

Privilégiez l'éclairage naturel

Utilisez la lumière naturelle autant que possible en ouvrant les rideaux et les stores pendant la journée. Cela réduira votre dépendance à l'éclairage artificiel et économisera de l'énergie.

Éteignez les appareils en veille

Les appareils en veille continuent de consommer de l'énergie, même lorsqu'ils ne sont pas utilisés. Éteignez complètement les appareils électroniques et débranchez-les lorsque vous ne les utilisez pas, ou utilisez des multiprises avec interrupteur pour les éteindre facilement.

Faites sécher vos vêtements à l'air libre

Utilisez un étendoir à linge ou un séchoir extérieur pour sécher vos vêtements plutôt que d'utiliser un sèche-linge. Cela vous fera économiser de l'électricité et prolongera la durée de vie de vos vêtements.

Sensibilisez toute la famille

Impliquez toute votre famille dans les efforts d'économie d'énergie. Expliquez l'importance de la conservation de l'énergie et encouragez chacun à adopter des comportements économes en énergie.

Le transport durable présente aussi de nombreux avantages pour l'environnement, la santé et notre qualité de vie.

Les transports en commun, le covoiturage, le vélo et la marche sont des alternatives plus respectueuses de l'environnement par rapport à la conduite individuelle en voiture. Ils réduisent les émissions de gaz à effet de serre, responsables du changement climatique. Ils contribuent aussi à réduire le nombre de voitures sur les routes, ce qui réduit les embouteillages et améliore la fluidité du trafic. Enfin, cela permet également de gagner du temps dans les déplacements quotidiens.

Vous contribuez aussi à réduire la pollution de l'air, notamment les émissions de particules fines et de polluants nocifs pour la santé. Ce qui peut aider à prévenir les problèmes respiratoires et à améliorer la qualité de l'air dans les zones urbaines.

Les modes de transport durables sont plus économiques, notamment en ce qui concerne les coûts liés à l'essence, au stationnement et à l'entretien des véhicules. De plus, les frais de transport en commun ou le partage des frais de covoiturage peuvent être partagés entre les participants, ce qui permet de réaliser des économies.

Le vélo, la marche et même l'utilisation des transports en commun peuvent contribuer à une vie active et à une meilleure santé. L'exercice physique régulier associé à ces modes de transport peut aider à renforcer la condition physique, à améliorer le système cardiovasculaire et à réduire le risque de maladies liées à la sédentarité.

Renseignez-vous sur les itinéraires, les horaires et les tarifs des transports en commun dans votre région. Planifiez vos déplacements en utilisant les bus, les tramways, les métros ou les trains, selon ce qui est disponible.

Si vous ne pouvez pas utiliser les transports en commun, envisagez de partager votre trajet avec des collègues, des voisins ou des amis qui vont dans la même direction.

Pour les trajets courts, privilégiez le vélo ou la marche. C'est un excellent moyen de rester actif, de profiter de l'air frais et de réduire votre empreinte carbone. Assurez-vous d'avoir un équipement de sécurité approprié et des itinéraires sûrs.

Organisez votre journée de manière à regrouper les activités et les déplacements dans la mesure du possible. Cela réduit le nombre de trajets individuels et permet d'économiser du temps et de l'énergie.

Rejoignez des initiatives locales qui encouragent les infrastructures de transport durable, telles que les pistes cyclables, les zones piétonnes et les programmes de partage de vélos. Faites connaître votre soutien à ces initiatives auprès des autorités locales.

Adopter des pratiques de jardinage durables peut non seulement vous permettre de cultiver vos propres aliments sains, mais aussi de contribuer à la préservation de l'environnement.

Compostage : le compostage est un excellent moyen de réduire le gaspillage alimentaire et de transformer vos déchets organiques en un engrais naturel riche en nutriments pour votre jardin. Collectez les restes de légumes, de fruits et d'autres matières organiques, comme les feuilles mortes et les déchets de jardin, et compostez-les pour obtenir un sol fertile.

Culture d'aliments biologiques : optez pour une culture biologique en évitant l'utilisation de pesticides et d'engrais chimiques. Utilisez des méthodes naturelles pour lutter contre les ravageurs, comme la rotation des cultures, la plantation de compagnonnage et l'utilisation de techniques de lutte biologique.

Utilisation efficace de l'eau : arrosez vos plantes de manière efficace en utilisant des systèmes d'irrigation goutte à goutte, en collectant l'eau de pluie ou en arrosant tôt le matin ou en fin de journée pour réduire l'évaporation. Choisissez également des plantes adaptées au climat local qui nécessitent moins d'eau.

Aménagement d'un jardin équilibré : favorisez la biodiversité en aménageant un jardin qui attire les pollinisateurs et les insectes bénéfiques. Plantez des fleurs indigènes, des arbustes fruitiers et des légumes pour créer un écosystème équilibré et soutenir la santé des plantes et des animaux.

Réduction du gaspillage alimentaire : panifiez vos cultures de manière à utiliser efficacement les légumes et les fruits que vous cultivez. Récoltez régulièrement pour éviter le gaspillage et utilisez les surplus pour la préparation de conserves, de confitures ou de congélation.

Conservation de l'énergie : utilisez des techniques de jardinage qui minimisent l'utilisation de l'énergie, comme la permaculture, qui vise à créer un écosystème autosuffisant et résilient. Privilégiez les méthodes manuelles pour l'entretien du jardin plutôt que les outils électriques.

Partagez vos récoltes : si vous avez une abondance de fruits, de légumes ou d'herbes, partagez-les avec vos voisins, vos amis ou votre communauté. Cela permet de réduire le gaspillage alimentaire et de favoriser la solidarité et l'échange local.

Adopter une alimentation plus durable est bénéfique pour l'environnement et votre santé. Choisissez des aliments locaux et de saison : optez pour des aliments cultivés localement et de saison. Ils ont souvent une empreinte carbone plus faible, car ils ne nécessitent pas de longs trajets pour être transportés. Visitez les marchés fermiers ou rejoignez une coopérative alimentaire locale pour accéder à des produits frais et de qualité.

Réduisez votre consommation de viande : la production de viande a un impact environnemental significatif en termes d'utilisation des ressources naturelles et d'émissions de gaz à effet de serre. Essayez de réduire votre consommation de viande en optant pour des alternatives végétariennes ou en adoptant des régimes flexitariens, végétaliens ou végétariens. Cela peut contribuer à réduire votre empreinte écologique.

Choisissez des aliments emballés de manière responsable : privilégiez les aliments emballés dans des matériaux recyclables ou biodégradables. Évitez les emballages excessifs et privilégiez les produits en vrac ou les alternatives réutilisables, comme les sacs en tissu pour les fruits et légumes.

Réduisez le gaspillage alimentaire : planifiez vos repas, achetez judicieusement et utilisez les restes alimentaires pour réduire le gaspillage. Conservez les aliments correctement pour prolonger leur durée de vie. Si possible, compostez les déchets alimentaires.

Réduisez votre consommation d'eau en évitant le gaspillage lors de la préparation des aliments et du nettoyage. Utilisez l'eau de manière efficace en adoptant des pratiques telles que l'arrosage des plantes avec de l'eau de pluie ou la récupération de l'eau utilisée pour laver les légumes.

Cultivez vos propres aliments : si vous avez de l'espace disponible, envisagez de cultiver vos propres fruits, légumes et herbes aromatiques.

Dans notre société moderne axée sur la consommation, il est essentiel d'introduire le concept de consommation responsable et d'encourager l'adoption d'un mode de vie durable.

La consommation responsable consiste à faire des choix éclairés, conscients de l'impact environnemental, social et économique de nos décisions d'achat. Cela implique de considérer non seulement nos propres besoins, mais aussi les besoins des générations futures et de la planète dans son ensemble.

L'adoption d'un mode de vie durable et la consommation responsable ne se font pas du jour au lendemain, mais cela peut être réalisé progressivement en faisant des choix conscients et en apportant de petits changements dans nos habitudes de consommation. En privilégiant la qualité, la durabilité et l'impact positif sur l'environnement et la société, nous pouvons tous contribuer à un avenir plus durable et équilibré pour tous.

Utilisez des produits de nettoyage et des détergents écologiques, exempts de produits chimiques nocifs pour l'environnement et la santé. Privilégiez les méthodes de nettoyage naturelles, comme le vinaigre blanc, le bicarbonate de soude et le citron.

Plutôt que d'acheter des articles que vous n'utilisez que rarement, envisagez de les partager, de les échanger ou de les louer avec d'autres personnes de votre communauté. Cela permet de maximiser l'utilisation des ressources et de réduire le gaspillage.

Rejoignez des initiatives communautaires, des groupes de défense de l'environnement ou des organisations de protection de la nature. Contribuez à des projets de nettoyage, de reboisement ou de sensibilisation pour faire une différence à plus grande échelle.

En intégrant ces conseils dans notre quotidien, nous pouvons réduire notre impact sur l'environnement, soutenir des pratiques de consommation plus éthiques et favoriser un mode de vie durable. Chaque petit changement compte et contribue à un avenir plus durable pour notre planète.

Chapitre 14

Investissez dans l'épanouissement financier à long terme

Exploration des stratégies pour atteindre une indépendance financière et une sécurité à long terme

Quelle est l'importance de la planification financière, de la gestion des revenus, de l'épargne, de l'investissement et de la construction d'une sécurité financière pour assurer notre bien-être et notre tranquillité d'esprit ?

Elle est essentielle pour atteindre nos objectifs à long terme et assurer notre sécurité financière. Je vous propose quelques stratégies :

Créez un budget réaliste en évaluant vos revenus, vos dépenses et vos objectifs financiers. Suivez votre budget de près pour contrôler vos dépenses et économiser plus efficacement.

Identifiez et gérez vos dettes de manière responsable. Établissez un plan de remboursement en priorisant les dettes à taux d'intérêt élevé. Explorez des options de consolidation ou de renégociation pour réduire les taux d'intérêt.

Épargne : développez une habitude d'épargne régulière. Créez un fonds d'urgence pour faire face aux dépenses imprévues et épargnez pour vos objectifs à long terme, tels que l'achat d'une maison, la préparation de la retraite ou l'éducation des enfants.

Diversifiez vos investissements pour répartir les risques et augmenter vos chances de rendements favorables. Consultez un conseiller financier pour déterminer les meilleures options d'investissement adaptées à vos objectifs et à votre tolérance au risque.

Assurez vos biens, votre santé et votre vie pour vous protéger des événements imprévus. Souscrivez des polices d'assurance habitation, automobile, maladie et vie appropriées pour garantir la sécurité financière de votre famille.

Poursuivez votre éducation financière en lisant des livres, en suivant des cours en ligne et en consultant des experts. Améliorez votre compréhension des concepts financiers et des stratégies d'investissement pour prendre des décisions éclairées.

Visez l'indépendance financière où vos revenus passifs couvrent vos dépenses. Construisez un patrimoine, développez des sources de revenus passifs et gérez vos finances de manière à vous donner la liberté de choisir votre style de vie.

Considérez la philanthropie et le partage comme une partie intégrante de votre parcours financier. Recherchez des opportunités de faire des dons et de soutenir des causes qui vous tiennent à cœur, que ce soit par le biais de dons monétaires, de bénévolat ou d'autres formes de contribution.

La planification financière est un processus continu. Réévaluez régulièrement votre situation financière, ajustez votre plan en fonction des changements de vie et recherchez des opportunités d'amélioration. En prenant le contrôle de vos finances, vous pouvez travailler vers la réalisation de vos objectifs à long terme et vivre une vie financièrement épanouissante.

En intégrant ces stratégies dans notre vie financière, nous pouvons construire une base solide pour notre avenir financier, atteindre l'indépendance financière et vivre une vie épanouissante sur le plan économique. L'épanouissement financier à long terme ne consiste pas seulement à accumuler de la richesse, mais aussi à créer une sécurité et une stabilité qui nous permettent de réaliser nos aspirations et de contribuer positivement à notre entourage.

Conseils pour planifier sa retraite, investir intelligemment, diversifier ses revenus et travailler vers la réalisation de ses objectifs financiers à long terme

La retraite est une période de la vie à laquelle nous aspirons tous. C'est le moment où nous pouvons enfin profiter de notre temps libre, réaliser nos rêves et savourer les fruits de notre travail. Cependant, pour que notre retraite soit véritablement épanouie, une planification financière préalable est essentielle.

Dans ce chapitre, nous allons explorer ensemble les différentes stratégies pour atteindre une sécurité financière et une indépendance pendant notre retraite.

Se fixer des objectifs financiers clairs est le premier pas vers la réalisation de nos aspirations. Nous devons déterminer combien nous souhaitons économiser et de quels revenus nous aurons besoin de maintenir notre niveau de vie.

Le secret d'une retraite réussie réside dans la prévoyance. Commencer à épargner dès maintenant, même de petites sommes, peut faire une grande différence à long terme grâce à la magie de la capitalisation. Il est également judicieux d'utiliser les régimes de retraite existants offerts par nos employeurs, tels que les plans de pension ou les régimes de contribution déterminée. En contribuant régulièrement et en tirant parti des cotisations de notre employeur, nous pouvons renforcer nos économies pour la retraite.

Explorer les options d'épargne-retraite individuelles est une autre étape importante à considérer. Ouvrir un compte de retraite individuel ou un compte d'épargne-retraite peut nous permettre d'augmenter nos économies pour la retraite. Il est recommandé de consulter un conseiller financier pour déterminer quelle option convient le mieux à nos besoins uniques.

La diversification de nos investissements est également cruciale. Les répartir sur différentes classes d'actifs nous permet de réduire les risques et d'augmenter nos chances de rendements favorables. Il est important de rééquilibrer régulièrement notre portefeuille en fonction de notre tolérance au risque et de notre horizon temporel.

Évaluer régulièrement notre plan de retraite est une habitude importante à adopter. Nous devons nous assurer que notre plan est en phase avec nos objectifs et s'ajuste aux changements de notre situation financière. L'adaptation de notre plan si nécessaire nous assure de rester sur la bonne voie.

En plus de la planification financière, prendre soin de notre santé est une priorité. Investir dans notre santé physique et mentale nous permet de profiter pleinement de notre retraite et de réduire les coûts liés aux soins médicaux. Une bonne santé est la clé d'une retraite épanouie.

Nous pouvons également envisager de travailler à temps partiel pendant notre retraite. Cela nous permet de rester actifs professionnellement tout en générant un revenu supplémentaire. Des opportunités de travail à temps partiel ou des projets indépendants peuvent être explorés.

Enfin, l'aide d'un conseiller financier peut être précieuse dans notre parcours vers une belle retraite. Un professionnel expérimenté peut nous aider à élaborer un plan de retraite personnalisé en fonction de notre situation financière et de nos objectifs.

Fixez des objectifs financiers pour la retraite

Déterminez combien vous souhaitez avoir d'économies et de revenus pour maintenir le niveau de vie souhaité pendant votre retraite. Prenez en compte vos dépenses prévues, les coûts de santé, les voyages et autres activités.

Commencez à épargner dès maintenant

Plus tôt vous commencez à épargner pour la retraite, mieux c'est. Même de petites sommes mises de côté régulièrement peuvent faire une grande différence à long terme grâce à la magie de la capitalisation.

Utilisez les régimes de retraite existants

Profitez des régimes de retraite offerts par votre employeur, tels que les plans de pension ou les régimes de contribution déterminée. Contribuez régulièrement et tirez parti des cotisations de votre employeur si elles sont disponibles.

Diversifiez vos investissements

Répartissez vos investissements sur différentes classes d'actifs (actions, obligations, immobilier, etc.) pour réduire les risques et augmenter les chances de rendements favorables. Rééquilibrez régulièrement votre portefeuille en fonction de votre tolérance au risque et de votre horizon temporel.

Évaluez régulièrement votre plan de retraite

Passez en revue votre plan de retraite régulièrement pour vous assurer qu'il est en phase avec vos objectifs et les changements de votre situation financière. Adaptez votre plan si nécessaire pour vous assurer de rester sur la bonne voie.

Évaluez les options de revenu de retraite

Renseignez-vous sur les différentes options de revenu de retraite, telles que les rentes, les retraits programmés ou les investissements à dividendes, afin de déterminer quelle méthode vous convient le mieux pour générer un revenu régulier après la retraite.

Prenez soin de votre santé

Investissez dans votre santé physique et mentale. Maintenir une bonne santé vous permettra de profiter pleinement de votre retraite et de réduire les coûts liés aux soins médicaux.

Considérez le travail à temps partiel

Si vous souhaitez continuer à travailler pendant votre retraite, envisagez des opportunités de travail à temps partiel ou des projets indépendants qui vous permettront de rester actif tout en générant un revenu supplémentaire.

Consultez un conseiller financier

Un conseiller financier peut vous aider à élaborer un plan de retraite personnalisé en fonction de votre situation financière et de vos objectifs.

Diversifiez votre portefeuille

La diversification est une stratégie importante pour réduire les risques et maximiser les rendements potentiels. Répartissez vos investissements sur différents types d'actifs, secteurs d'activité et régions géographiques. Cela vous permettra de limiter les impacts négatifs d'une seule entreprise ou d'un seul marché.

Adoptez une approche à long terme

L'investissement intelligent se base sur une vision à long terme. Évitez les réactions impulsives aux fluctuations du marché et concentrez-vous sur vos objectifs à plus long terme. Laissez vos investissements croître et profitez des avantages de la capitalisation à long terme.

Soyez conscient des frais et des coûts :

Les frais associés aux investissements peuvent avoir un impact significatif sur vos rendements. Assurez-vous de comprendre les frais de gestion, les commissions de courtage et autres frais liés à vos investissements. Recherchez des options d'investissement à faible coût, telles que les fonds indiciels, qui permettent une exposition diversifiée à moindre coût.

Restez informé et réévaluez régulièrement votre portefeuille

Les conditions du marché et les performances des investissements évoluent avec le temps. Tenez-vous informé des nouvelles économiques, des tendances du marché et des performances de vos investissements. Réévaluez régulièrement votre portefeuille et apportez les ajustements nécessaires en fonction de vos objectifs et des conditions du marché.

Évitez les investissements trop risqués ou trop beaux pour être vrais

Méfiez-vous des promesses de rendements élevés et rapides. Les investissements à haut rendement s'accompagnent généralement de risques élevés. Évitez les schémas de Ponzi et les arnaques financières. Investissez dans des entreprises et des produits financiers solides et bien établis.

Consultez un conseiller financier

Si vous vous sentez dépassé ou incertain quant à vos décisions d'investissement, il est judicieux de consulter un conseiller financier qualifié. Un professionnel expérimenté pourra vous aider à élaborer une stratégie d'investissement personnalisée en fonction de vos objectifs, de votre tolérance au risque et de votre situation financière globale.

Commencez par identifier vos compétences, talents et connaissances qui pourraient être monétisés. Que ce soit la rédaction, le design graphique, le coaching, la photographie ou d'autres domaines spécifiques, mettez en valeur vos points forts et recherchez des opportunités pour les exploiter.

Internet offre de nombreuses possibilités pour générer des revenus supplémentaires. Vous pouvez créer un blog ou un site web et le monétiser grâce à la publicité, aux partenariats d'affiliation ou à la vente de produits numériques. Vous pouvez également offrir vos services en ligne, comme des consultations, du coaching ou des cours en ligne.

L'investissement immobilier peut être une excellente source de revenus supplémentaires. Vous pouvez acheter des biens immobiliers à des fins de location résidentielle ou commerciale. Les revenus locatifs peuvent constituer une source de revenus régulière et vous permettre de bénéficier de l'appréciation de la valeur de vos biens immobiliers à long terme.

Si vous avez une passion ou une idée d'entreprise, envisagez de la développer en parallèle de votre emploi actuel. Créez une entreprise à temps partiel dans votre domaine d'intérêt et travaillez progressivement pour la faire croître. Cela peut vous offrir une source de revenu supplémentaire et éventuellement vous permettre de devenir votre propre patron.

Investir dans le marché boursier et dans des obligations peut être une autre façon de diversifier vos revenus. Faites des recherches approfondies sur les différentes entreprises et secteurs d'activité, et investissez dans des actions ou des fonds communs de placement qui correspondent à votre profil de risque. Les dividendes et les intérêts peuvent générer des revenus supplémentaires.

De nombreuses entreprises recherchent des travailleurs indépendants pour des projets spécifiques. Vous pouvez offrir vos compétences et services en tant que freelance dans votre domaine d'expertise. Cela vous permettra de diversifier vos revenus tout en travaillant sur des projets variés et intéressants.

Si vous avez des passe-temps ou des talents créatifs, pensez à les monétiser. Que ce soit la peinture, la couture, la poterie ou d'autres activités artistiques, vous pouvez vendre vos créations en ligne ou dans des marchés locaux. Transformez votre passion en une source de revenus supplémentaires.

Si vous possédez des biens tels qu'une voiture, une propriété ou du matériel spécialisé, envisagez de les louer pour générer des revenus supplémentaires. La location peut être une source de revenus passive et vous permettre de tirer parti des actifs que vous possédez déjà.

L'important est d'explorer différentes opportunités et de trouver des moyens complémentaires de générer des revenus. Diversifier vos revenus vous offre une plus grande stabilité financière et vous prépare mieux à faire face aux imprévus. Cependant, assurez-vous de bien gérer votre temps et vos ressources pour éviter de vous disperser. Concentrez-vous sur des sources de revenus qui correspondent à vos compétences, vos intérêts et votre situation financière.

Identifiez vos objectifs financiers à long terme, tels que l'achat d'une maison, la constitution d'un fonds de retraite, l'épargne pour l'éducation de vos enfants, etc. Assurez-vous que vos objectifs soient spécifiques, mesurables, atteignables, réalistes et limités dans le temps (SMART). Cela vous aidera à vous concentrer et à mesurer vos progrès.

Créez un plan financier détaillé qui inclut vos revenus, vos dépenses, vos dettes et vos stratégies d'épargne. Évaluez vos ressources financières actuelles et déterminez combien vous devez économiser et investir pour atteindre vos objectifs à long terme. Fixez des jalons intermédiaires pour vous aider à suivre vos progrès.

Tenez un suivi régulier de votre situation financière en gardant une trace de vos revenus, de vos dépenses et de votre épargne. Utilisez des outils de gestion financière tels que des applications de budgétisation ou des feuilles de calcul pour vous aider à visualiser vos flux de trésorerie. Évaluez vos progrès régulièrement pour apporter les ajustements nécessaires.

Créez un budget qui reflète vos revenus, vos dépenses essentielles et vos objectifs d'épargne. Allouez vos revenus de manière responsable en accordant la priorité aux dépenses nécessaires et à l'épargne pour vos objectifs financiers à long terme. Réduisez les dépenses superflues et trouvez des moyens d'économiser sur les postes de dépenses courants.

Développez une habitude d'épargne en mettant de côté une partie de vos revenus à chaque fois que vous êtes payé. Automatisez vos épargnes en configurant des virements automatiques vers un compte d'épargne dédié ou un compte de retraite. Cela vous aidera à maintenir une discipline financière et à progresser régulièrement vers vos objectifs.

Conclusion - A retenir de l'expérience du bonheur économe

Je suis ravie d'avoir pu partager avec vous les principales stratégies et astuces pour vivre heureux en dépensant moins. J'espère que vous avez trouvé ces conseils pratiques et inspirants pour vous guider vers une vie économe et équilibrée. Permettez-moi de récapituler ces principales stratégies une fois de plus :

Réévaluez vos besoins et vos priorités : apprenez à distinguer vos besoins réels des envies superficielles.

Adoptez des stratégies d'économie quotidienne : explorez des astuces pour réduire vos dépenses courantes, comme l'épargne sur les factures d'énergie, les courses alimentaires économiques et l'utilisation des transports en commun.

Faites des achats malins : comparez les prix, évitez les achats impulsifs et utilisez des codes promotionnels ou des coupons pour économiser sur vos achats.

Profitez des activités gratuites ou à faible coût : explorez les nombreuses possibilités de divertissement et de loisirs qui ne nécessitent pas de dépenses importantes. Que ce soit en vous connectant avec la nature, en participant à des événements communautaires, en visitant des bibliothèques ou des musées gratuits.

Cultivez des relations sociales et l'entraide : les liens avec les autres sont essentiels pour notre bonheur et notre épanouissement. Cherchez à établir des relations solides et partagez des ressources avec ceux qui vous entourent.

Maîtrisez la gestion de vos finances personnelles : prenez le contrôle de vos finances en créant un budget réaliste, en épargnant régulièrement et en évitant les pièges de la dette et du surendettement.

En récapitulant ces stratégies, rappelez-vous que vous êtes le maître de votre propre vie financière. Chaque petite action compte et peut avoir un impact significatif sur votre bonheur et votre épanouissement.

Je vous encourage à mettre en pratique ces astuces, à prendre des mesures concrètes et à créer une vie épanouissante en dépensant moins. N'oubliez pas que le voyage vers une vie équilibrée et satisfaisante est un processus continu.

N'ayez pas peur de vous lancer dans ce voyage vers une vie plus économe et plus équilibrée. Adoptez progressivement les habitudes et les changements suggérés, en trouvant votre propre rythme et votre propre équilibre. Chaque personne a des circonstances et des priorités uniques, donc adaptez ces conseils en fonction de votre situation personnelle.

Je vous souhaite le meilleur dans votre quête d'une vie épanouie, où le bonheur et la réalisation personnelle vont de pair avec une gestion financière équilibrée.

Souvenez-vous que vous êtes capable de vivre heureux en dépensant moins, et que votre avenir financier est entre vos mains. Bonne chance et bon voyage vers une vie épanouie et économe !

Annexe

Dans cette annexe, voici quelques ressources supplémentaires qui vous permettront d'approfondir le sujet de la vie économe et de la gestion financière. Elles vous aideront à développer vos compétences et à continuer votre parcours vers une vie plus épanouissante en dépensant moins.

Livres sur l'économie et la gestion financière : explorez des livres spécialisés dans le domaine de l'économie personnelle, de l'investissement, de la gestion budgétaire et de la planification financière. Voici quelques titres populaires :

- *Père riche, père pauvre* de Robert Kiyosaki
- *L'homme le plus riche de Babylone* de George S. Clason
- *Tout le monde mérite d'être riche* d'Olivier Seban
- *La semaine de 4 heures* de Timothy Ferriss

Cours en ligne :

Fun Mooc : plateforme française proposant des cours en ligne gratuits sur divers sujets, y compris l'économie et la gestion financière.

OpenClassrooms : site web français qui propose des cours en ligne payants sur des sujets variés, y compris la finance personnelle.

Blogs et sites web :

Le Blog du Modérateur : blog français qui couvre divers sujets liés à la technologie, à l'économie et à la finance.

Mes Finances Perso : site web français qui offre des conseils pratiques sur la gestion financière personnelle et l'économie.

Investir : site web français spécialisé dans l'actualité financière, les conseils d'investissement et la gestion du patrimoine.

Podcasts :

BFM Bourse : podcast de la chaîne de télévision française BFM Business, qui propose des analyses financières et des conseils d'investissement.

Capital : podcast de l'émission de télévision française du même nom, qui couvre des sujets économiques et financiers.

Organismes et associations :

Institut pour l'éducation financière du public (IEFP) : organisme français qui propose des formations et des ressources en éducation financière. Chambre syndicale des courtiers en prêts immobiliers (CSCPI) : association française regroupant des courtiers en prêts immobiliers qui peuvent fournir des conseils sur les aspects financiers de l'achat de biens immobiliers.

Applications mobiles :

Linxo : application française de gestion de budget et de suivi des dépenses.

Bankin' : application française qui permet de regrouper et de gérer facilement ses comptes bancaires et ses finances personnelles.

N'hésitez pas à explorer ces ressources supplémentaires et à trouver celles qui correspondent le mieux à vos besoins et à votre style d'apprentissage. Rappelez-vous que l'apprentissage et le développement de compétences en matière d'économie et de gestion financière sont un processus continu. Continuez à vous informer, à vous former et à prendre des mesures concrètes pour améliorer votre situation financière.

Je vous souhaite beaucoup de succès dans votre parcours vers une vie épanouie en dépensant moins. Poursuivez votre engagement envers une gestion financière responsable et équilibrée, et profitez des avantages que cela apporte à votre bonheur et à votre bien-être.

Bonne continuation dans votre voyage vers une vie financièrement épanouissante !

Tous les droits sont réservés

Aucune partie de cette publication ne peut être reproduite, distribuée ou transmise sous quelque forme ou par quelque moyen que ce soit, y compris la photocopie, l'enregistrement ou d'autres méthodes électroniques ou mécaniques, sans l'autorisation écrite préalable de l'éditeur, sauf dans le cas de brèves citations incorporées dans les critiques et certaines autres utilisations non commerciales autorisées par la loi sur le droit d'auteur. Toute référence à des événements historiques, à des personnes réelles ou à des lieux réels peut être réelle ou utilisée fictivement pour respecter l'anonymat. Les noms, les personnages et les lieux peuvent être le produit de l'imagination de l'auteur.

Imprimé par Amazon.

Marie Parrot

Printed by Amazon Italia Logistica S.r.l.
Torrazza Piemonte (TO), Italy

57705617R00063